(사)한국어문회 주관
한자능력검정시험

자꾸 공부 하고픈 책

4級Ⅱ 750字

모의고사문제집

어문출판사

머 리 글

漢字는 이미 잘 알려져 있는 대로 그 수에 있어 방대할 뿐만 아니라 필획이 많거나 잘못 읽고 잘못 쓰기 쉬운 漢字 또한 허다히 있는 것이 아니라, 이의 正確한 筆順을 모르는 이가 많음, 그러므로 本書는 이러한 잘못된 筆順에 대하여 모든 이들이 이해하기 쉽고 그 뜻대로 잘 알고 또한 올바르게 쓸수 있도록 敎本으로 펴내었습니다.

篆書에 이어 隸書體 등 옛것부터 이어 오면서 오늘날 많은 곳에 活用되고 있는 漢字를 誤謬 없이 正確하고 빠르게 쓰는 方法을 끊임없이 研究하는 것이 이 책을 엮은 기본이 된 것입니다.

아무쪼록 이 책을 통하여 단계적인 漢字工夫를 함에 있어 社會에 活動하는 모든 사람들은 물론이고 特히 漢字目에 들고 있는 모든 學生들에게 더 큰 도움이 되기를 바라면서, 그 동안 인내심과 專心을 다하여 漢字筆順硏究에 전력을 다하신 여러분께 감사를 드리며 아울러 본서의 出版에 이르기까지 수고를 아끼지 않은 도서출판의 여러 관계자 여러분에게도 감사를 기원합니다.

이 책으로 工夫하시는 모든 분들의 건승을 기원합니다.

편저자 씀

접수방법   ① 접수처방문   ② 인터넷접수

① 접수처방문 ・준비물: 사진2매(3×4)/한자성명/주민등록번호
전화번호/주소/우편번호
・고사장수용인원초과시 조기마감 될 수 있습니다.
・전국고사장 및 시험문의: 한국어문회 1566-1400
www.hanja.re.kr

② 인터넷접수 www.hangum.re.kr

◆2003년도 인터넷 원서 접수부터는 이용자약관에 동의하여 회원가입한 분만 인터넷 원서 접수 가능.

◆인터넷회원가입준비물 : 이름, 한자이름, 전화번호, 주소등의 인적사항과 스캔된 본인의 사진이미지

◆먼저 회원가입을 해 놓은 응시자는 인터넷접수일자에 본인의 개인정보 및 사진정보등록 없이 로그인만 하면 바로 접수 가능.

③ 접수시기 ・대략 시험일의 2개월前
・(공인급수 특급~3Ⅱ) ┐ 2, 5, 8, 11월 넷째주 土시행
・(교육급수 4급 ~ 8급) ┘ (교육급수 11時, 공인급수 15時)

한자능력검정시험時 유의사항

1. 수험번호, 주민등록번호, 성명 반드시 기재
2. 검정볼펜 사용 (수정액사용)
3. 신분증 지참 (초등학생은 의료보험증 지참)
4. 답안지 칸에 벗어나지 않도록 작성
5. 답안지 낙서 금지
6. 대표훈음을 기재 (검토할 것)

우량상과 우수상의 시상 기준

급수	총문항(합격점)	우량상			우수상			비고
		초등	중등	고등	초등	중등	고등	
4급II	100 (70)	75	80	85	80	85	90	

第1回 한자능력검정시험 4급Ⅱ

(시험시간 : 50분)

시험시작시간　時　分
시험종료시간　時　分

※다음 漢字語의 讀音을 쓰시오.

1. 復興(*　)　2. 經歷(　)
3. 除雪(　)　4. 科程(　)
5. 快速(　)　6. 官舍(　)
7. 他鄉(　)　8. 關稅(　)
9. 限界(　)　10. 豆油(　)
11. 寒帶(　)　12. 民衆(　)
13. 確答(　)　14. 密室(　)
15. 花鳥(　)　16. 邊境(　)
17. 吸煙(　)　18. 變成(　)
19. 後宮(　)　20. 非常(　)

21. 공부를 열심히 하는 친구는 나의 強敵이다.
　　……………………………（　）
22. 序詩에는 시인의 사회관과 인간관이 집약되어 있다.
　　……………………………（　）
23. 공연 관람객 수의 增減에 민감한 반응을 보이고 있다.
　　……………………………（　）
24. 끊어졌다 이어졌다를 斷續이라 한다.
　　……………………………（　）
25. 여야는 선거일에 대한 攻防을 뜨겁게 벌이고 있다.
　　……………………………（　）
26. 消印이 찍힌 우편물을 받다.
　　……………………………（　）
27. 관청이나 회사에서 전문 기술 업무를 맡아보는 사람을 技師라 한다. …………（　）
28. 모임은 어떤 사항이라도 회원들의 承認을 받아야 한다.
　　……………………………（　）
29. 군인들이 나팔소리를 듣고 起床하다.
　　……………………………（　）
30. 나는 暗記 과목이 약하다.
　　……………………………（　）
31. 음력 5월 5일은 端午이다.
　　……………………………（　）
32. 어느 지역에 하늘에서 流星이 떨어졌다.
　　……………………………（　）
33. 의견이나 주의가 같은 것을 同議라 한다.
　　……………………………（　）
34. 외국에 나가면 우선 언어의 障壁에 부딪치게 된다.
　　……………………………（　）

※위 21~34에서 반대자를 3개 골라 그 번호를 쓰시오.
35. (　,　,　)

※다음 漢字의 訓과 音을 쓰시오.

36. 可(　)　37. 加(　)
38. 好(　)　39. 傳(　)
40. 曜(　)　41. 令(　)
42. 局(　)　43. 炭(　)
44. 賞(　)　45. 展(　)
46. 節(　)　47. 葉(　)
48. 勞(　)　49. 祭(　)
50. 板(　)　51. 尊(　)
52. 貴(　)　53. 施(　)
54. 商(　)　55. 爲(　)

※다음 밑줄 친 漢字語를 漢字로 쓰시오.

56. 바닷가에서 석양을 바라보다.
　　……………………………（　）
57. 세계평화를 위하여 참전하다
　　……………………………（　）
58. 보석은 시가가 매번 달라진다.
　　……………………………（　）
59. 꼭짓점댄스의 원조는 누구인가?
　　……………………………（　）
60. 성공한 인물은 기질이 남다르다.
　　……………………………（　）
61. 같은 뜻을 가진 친구를 경애한다.
　　……………………………（　）
62. 아무 곳에나 휴지를 버리면 안 된다.
　　……………………………（　）
63. 제주도는 세계적인 관광의 도시다.
　　……………………………（　）
64. 월드컵 응원도구들이 품절 되었다.
　　……………………………（　）
65. 요트선수들이 순풍에 돛달고 떠나다.
　　……………………………（　）
66. 시험 칠 때는 문제를 잘 파악해야 한다.
　　……………………………（　）
67. 요즘 아기를 입양하는 가정이 늘고 있다.
　　……………………………（　）

※다음 밑줄 친 漢字語를 漢字로 쓰시오.

68. 정당 (바르고 마땅함)
    .... (   )

69. 안전 (위험하지 않음)
    .... (   )

70. 정원 (잘 가꾸어 놓은 뜰)
    .... (   )

71. 덕망 (덕행으로 얻은 명망)
    .... (   )

72. 효력 (효과나 효험을 나타내는 힘)
    .... (   )

73. 운해 (깔린 구름을 내려다본 풍경)
    .... (   )

74. 서류 (기록이나 사무에 관한 문서)
    .... (   )

75. 기본 (사물의 가장 중요한 밑바탕)
    .... (   )

76. 대화 (서로 마주 대하여 이야기함)
    .... (   )

77. 야사 (민간에서 사사로이 기록한 역사)
    .... (   )

※다음 故事成語를 完成하시오.

78. 옛것을 익히고 새로운 것을 아는 것
    .... 溫故 (   ) 新 이라 한다.

79. 근심과 재난을 당했을 때 서로 도움
    .... 患難 (   ) 救 라 한다.

80. 정성이 지극하면 하늘도 감동함
    .... 至誠 (   ) 天 이라 한다.

81. 먼것을 사귀고 가까운 나라를 공격함(가까운 것을 멀리함)
    .... 遠交 (   ) 攻 이라 한다.

82. 실현성이 없는 헛된 이론
    .... 卓上 (   ) 論 이라 한다.

※다음 漢字의 部首를 쓰시오.

83. 慶 (   ) 84. 求 (   ) 85. 羅 (   )

※같은 뜻의 漢字를 써서 單語를 完成하시오.

86. (   ) - 屋   87. 果 - (   )

88. (   ) - 謠

※반대되는 뜻의 漢字를 써서 單語를 完成하시오.

89. 黑 - (   )   90. 春 - (   )

91. 分 - (   )

※音은 같으나 뜻이 다른 漢字語를 쓰시오.

92. 指導 : (   ) 축적에 따라 땅의 그림을 그림.

93. 賢才 : (   ) 이제. 지금.

94. 造化 : (   ) 서로 잘 어울림.

※다음 漢字語의 뜻을 쓰시오.

95. 街頭 : (   )

96. 早朝 : (   )

97. 往年 : (   )

※다음 漢字의 略字를 쓰시오.

98. 樂 : (   )

99. 藥 : (   )

100. 卒 : (   )

70점 이상 합격!

100

줄을 긋고 훈과 음을 적어 보세요.

青 <푸를청>

氵 —— 清 (   ) 푸르스름한 물은 맑다.
言 —— 請 (   ) 말로 청한다.
忄 —— 情 (   ) 마음속에 뜻.
米 —— 精 (   ) 쌀을 씻을 때는 정하게(깨끗하게)!

合格

전국한자능력검정시험 4급Ⅱ 답안지(1)

번호	답안란	채점	번호	답안란	채점	번호	답안란	채점	번호	답안란	채점
1			12			23			34		
2			13			24			35		
3			14			25			36		
4			15			26			37		
5			16			27			38		
6			17			28			39		
7			18			29			40		
8			19			30			41		
9			20			31			42		
10			21			32			43		
11			22			33			44		

※뒷면으로 이어짐

·········· 절 취 선 ··········

4Ⅱ ①   성명 [   ]

街( )	個( )	境( )	句( )
假( )	檢( )	經( )	究( )
減( )	潔( )	係( )	宮( )
監( )	缺( )	故( )	權( )
康( )	慶( )	官( )	極( )
講( )	警( )	求( )	禁( )

4Ⅱ ②   성명 [   ]

器 (	)	斷 (	)	黨 (	)	銅 (	)
起 (	)	端 (	)	帶 (	)	斗 (	)
暖 (	)	檀 (	)	隊 (	)	豆 (	)
難 (	)	單 (	)	導 (	)	得 (	)
怒 (	)	達 (	)	督 (	)	燈 (	)
努 (	)	擔 (	)	毒 (	)	羅 (	)

·· 절 취 선 ··

전국한자능력검정시험 4급Ⅱ 답안지(2)

번호	답안란	채점	번호	답안란	채점	번호	답안란	채점	번호	답안란	채점
45			59			73			87		
46			60			74			88		
47			61			75			89		
48			62			76			90		
49			63			77			91		
50			64			78			92		
51			65			79			93		
52			66			80			94		
53			67			81			95		
54			68			82			96		
55			69			83			97		
56			70			84			98		
57			71			85			99		
58			72			86			100		

성명 [   ]

第 2 回　한자능력검정시험 4급Ⅱ

(시험시간 : 50분)　　시험시작시간　　時　　分
　　　　　　　　　　시험종료시간　　時　　分

※다음 漢字語의 讀音을 쓰시오.

1. 洞察(*　　) 2. 齒藥(　　)
3. 講演(　　) 4. 請願(　　)
5. 慶事(　　) 6. 淸掃(　　)
7. 官報(　　) 8. 指令(　　)
9. 急求(　　) 10. 地帶(　　)
11. 冬至(　　) 12. 提案(　　)
13. 密林(　　) 14. 制毒(　　)
15. 民謠(　　) 16. 長星(　　)
17. 邊方(　　) 18. 留保(　　)
19. 興味(　　) 20. 位置(　　)

21. 이 팀은 기동력이 뛰어나 攻守 전환이 빠르다. ……………………………(　　　)
22. 한여름엔 아스팔트 熱氣가 대단하다. ……………………………(　　　)
23. 갈수록 貧富 차이가 크다. ……………………………(　　　)
24. 홈런이 連打로 터졌다. ……………………………(　　　)
25. 所爲 배웠다는 사람의 입에서 그런 말이 나오냐? ……………………………(　　　)
26. 오늘부터 硏修가 시작된다. ……………………………(　　　)
27. 아버지가 안 계셔서 내가 집안의 戶主다. ……………………………(　　　)
28. 여름철엔 眼科가 북새통이다. ……………………………(　　　)
29. 열변을 토하는 나의 얘기에 다들 呼應하다. ……………………………(　　　)
30. 대중문화와 고급문화를 결합하려는 試圖가 계속되고 있다. ……………………………(　　　)
31. 사건의 진실은 오래지 않아 必是 드러날 것이다. ……………………………(　　　)
32. 누구에게도 承服을 잘 안 하는 성격의 소유자다. ……………………………(　　　)
33. 운동회에서 快走로 우승하였다. ……………………………(　　　)
34. 賞罰 없이 교육이 이루어지기는 힘들다. ……………………………(　　　)

※위 21~34에서 반대자를 3개 골라 그 번호를 쓰시오.

35. (　　,　　,　　)

※다음 漢字의 訓과 音을 쓰시오.

36. 街(　　) 37. 謝(　　)
38. 護(　　) 39. 純(　　)
40. 努(　　) 41. 取(　　)
42. 牧(　　) 43. 鳥(　　)
44. 陰(　　) 45. 規(　　)
46. 吸(　　) 47. 産(　　)
48. 他(　　) 49. 料(　　)
50. 改(　　) 51. 領(　　)
52. 典(　　) 53. 舊(　　)
54. 屋(　　) 55. 價(　　)

※다음 밑줄 친 漢字語를 漢字로 쓰시오.

56. 나는 약속을 잘 지킨다. ……………………………(　　　)
57. 은행 창구가 한산해졌다. ……………………………(　　　)
58. 이라크전쟁이 휴전 상태다. ……………………………(　　　)
59. 봄철 신상품 가구가 나왔다. ……………………………(　　　)
60. 우리사회는 도덕을 중시한다. ……………………………(　　　)
61. 도시에서 문화생활을 누리다. ……………………………(　　　)
62. 지혜로운 조상의 얼을 되살리자. ……………………………(　　　)
63. 본인의 의견을 잘 표현해야 한다. ……………………………(　　　)
64. 늘 지각하는 아이는 시간관념이 없다. ……………………………(　　　)
65. 각자 본분에 맞는 행동을 해야 한다. ……………………………(　　　)
66. 월드컵 4강 신화의 위업을 달성하다. ……………………………(　　　)
67. 스승의 날에 선생님께 경의를 표하다. ……………………………(　　　)

자꾸 공부 하고픈 책 모의고사문제집 　　　　　　　　　　제2회

※다음 밑줄 친 漢字語를 漢字로 쓰시오.

68. 금품 (돈과 물품)
………………………… (　　　　　)

69. 효과 (보람 있는 결과)
………………………… (　　　　　)

70. 결산 (계산을 마감함)
………………………… (　　　　　)

71. 급수 (우열에 따라 매기는 등급)
………………………… (　　　　　)

72. 시국 (나라나 사회의 안팎 사정)
………………………… (　　　　　)

73. 숙제 (앞으로 두고 해결해야 할 문제)
………………………… (　　　　　)

74. 공평 (어느 한쪽에 치우치지 않고 공정함)
………………………… (　　　　　)

75. 사회 (어떤 특정한 발전 단계를 이룬 집단)
………………………… (　　　　　)

76. 석재 (토목·건축·비석·조각의 재료로 쓰는 돌)
………………………… (　　　　　)

77. 목적 (이룩하거나 도달하려고 하는 목표나 방향)
………………………… (　　　　　)

※다음 故事成語를 完成하시오.

78. 各人各(　　　　)　　79. (　　　　)寒三友

80. 馬耳東(　　　　)　　81. (　　　　)肉強食

82. 不問可(　　　　)

※다음 漢字의 部首를 쓰시오.

83. 能 -(　　　　)　　84. 度 -(　　　　)

85. 席 -(　　　　)

※같은 뜻의 漢字를 써서 單語를 完成하시오.

86. 技 -(　　　　)　　87. 明 -(　　　　)

88. 談 -(　　　　)

※반대되는 뜻의 漢字를 써서 單語를 完成하시오.

89. 晝 -(　　　　)　　90. 虛 -(　　　　)

91. 兄 -(　　　　)

※音은 같으나 뜻이 다른 漢字語를 쓰시오.

92. 政黨: (　　　　) 바르고 마땅함.

93. 定員: (　　　　) 잘 가꾸어 놓은 넓은 뜰.

94. 造船: (　　　　) 이성계가 세운 나라.

※다음 漢字語의 뜻을 쓰시오.

95. 回想: (　　　　　　　　　　　)

96. 常綠: (　　　　　　　　　　　)

97. 心境: (　　　　　　　　　　　)

※다음 漢字의 略字를 쓰시오.

98. 號: (　　　　)

99. 醫: (　　　　)

100. 獨: (　　　　)

70점 이상 합격!
／100

줄을 긋고
훈과 음을
적어 보세요.

土 城 (　　) 흙으로 이루어진 재와 성벽.

成 言 誠 (　　) 말은 정성스럽게!
<이룰성>

皿 盛 (　　) 그릇에 음식을 풍성하게 담는다.

合格

■ 사단법인 한국어문회·한자능력검정회 주관

수험번호 □□□-□□-□□□□
성명 □□□□□
주민등록번호 □□□□□□-□□□□□□□
※ 유성 싸인펜, 붉은색 필기구 사용 불가.

※답안지는 컴퓨터로 처리되므로 구기거나 더럽히지 마시고, 정답 칸 안에만 쓰십시오. 글씨가 채점란으로 들어오면 오답처리가 됩니다.

전국한자능력검정시험 4급Ⅱ 답안지(1)

번호	답안란	채점	번호	답안란	채점	번호	답안란	채점	번호	답안란	채점
1			12			23			34		
2			13			24			35		
3			14			25			36		
4			15			26			37		
5			16			27			38		
6			17			28			39		
7			18			29			40		
8			19			30			41		
9			20			31			42		
10			21			32			43		
11			22			33			44		

※뒷면으로 이어짐 ■

·· 절 취 선 ··

4Ⅱ ③ 성명 [   ]

兩 ( )	留 ( )	武 ( )	防 ( )
麗 ( )	律 ( )	務 ( )	房 ( )
連 ( )	滿 ( )	味 ( )	訪 ( )
列 ( )	脈 ( )	未 ( )	配 ( )
錄 ( )	毛 ( )	密 ( )	背 ( )
論 ( )	牧 ( )	博 ( )	拜 ( )

4Ⅱ ④　　　　　　　　　　　　　　　　　　　　성명 [　　　　　　　　　]

罰( )	寶( )	富( )	貧( )
伐( )	保( )	佛( )	謝( )
壁( )	復( )	備( )	師( )
邊( )	府( )	飛( )	寺( )
報( )	婦( )	悲( )	舍( )
步( )	副( )	非( )	殺( )

·············· 절 취 선 ··············

전국한자능력검정시험 4급Ⅱ 답안지(2)

번호	답안란	채점	번호	답안란	채점	번호	답안란	채점	번호	답안란	채점
45			59			73			87		
46			60			74			88		
47			61			75			89		
48			62			76			90		
49			63			77			91		
50			64			78			92		
51			65			79			93		
52			66			80			94		
53			67			81			95		
54			68			82			96		
55			69			83			97		
56			70			84			98		
57			71			85			99		
58			72			86			100		

성명 [   ]

第3回 한자능력검정시험 4급Ⅱ

(시험시간 : 50분)   시험시작시간   時   分
                    시험종료시간   時   分

※다음 漢字語의 讀音을 쓰시오.

1. 惡寒(*   )   2. 增築(   )
3. 所願(   )   4. 祭壇(   )
5. 消息(   )   6. 將軍(   )
7. 色素(   )   8. 認知(   )
9. 狀態(   )   10. 留念(   )
11. 備考(   )   12. 圓形(   )
13. 佛堂(   )   14. 連休(   )
15. 希求(   )   16. 眼界(   )
17. 興盛(   )   18. 詩經(   )
19. 護送(   )   20. 習得(   )

21. 선거 운동 기간 중에는 금품 授受나 식사 대접이 엄격히 금지된다. ……… (   )
22. 그는 純眞해서 잔꾀를 부리지 않는다. ……………………… (   )
23. 선생님께서 呼名 하는 대로 일어나거라. ……………………… (   )
24. 世波를 헤치며 더욱 견고한 존재로 단련되었다. ……………… (   )
25. 나의 찡그리는 表情에 다들 웃었다. ……………………… (   )
26. 안개 속에서 街燈은 희미하게 빛을 발하고 있었다. ………… (   )
27. 등산객들이 산 정상에 도달해서 快感을 만끽했다. ………… (   )
28. 假令 혼자 남겨졌다고 생각하면 어떨까? ……………………… (   )
29. 옛날 선비들은 淸貧이 덕목이었다. ……………………… (   )
30. 동굴의 입구에는 화려한 壁畫가 그려져 있었다. ………… (   )
31. 그는 잘못이 있어서 處罰을 받았다. ……………………… (   )
32. 그날그날의 收支를 장부에 기입하는 것이다. ………… (   )
33. 세종은 두뇌가 명석하고 여러 가지 創案에 뛰어난 임금이었다. ……… (   )
34. 오해로 인하여 是非가 붙었다. (   )

※위 21~34에서 반대자를 3개 골라 그 번호를 쓰시오.
35. (,   ,   )

※다음 漢字의 訓과 音을 쓰시오.
36. 監(   )   37. 移(   )
38. 血(   )   39. 汽(   )
40. 端(   )   41. 承(   )
42. 武(   )   43. 宗(   )
44. 測(   )   45. 給(   )
46. 惠(   )   47. 客(   )
48. 筆(   )   49. 舍(   )
50. 停(   )   51. 船(   )
52. 序(   )   53. 要(   )
54. 類(   )   55. 操(   )

※다음 밑줄 친 漢字語를 漢字로 쓰시오.
56. 나는 책임을 완수한다. (   )
57. 어려운 관문을 통과하다. (   )
58. 이성계가 세운 나라 조선. (   )
59. 각자 지은 시를 낭독하다. (   )
60. 기말시험 날짜가 도래했다. (   )
61. 나는 위대한 사람을 존경한다. (   )
62. 수련을 통해서 본성을 다스리다. (   )
63. 유명한 작가의 작품은 고가이다. (   )
64. 장인 정신으로 가업을 잇고 있다. (   )
65. 오늘은 선약이 있어서 다음에 만나자. (   )
66. 총리로 여성 인물이 물망에 떠오른다. (   )
67. 타 회사와의 경쟁에서 품질이 좌우한다. (   )

자꾸 공부 하고픈 책 모의고사문제집   제3회

※다음 밑줄 친 漢字語를 漢字로 쓰시오.

68. 양복 (서양식의 옷)
      ………………………… (   )
69. 특종 (특별한 종류)
      ………………………… (   )
70. 세수 (얼굴과 손을 씻음)
      ………………………… (   )
71. 과제 (주어진 문제나 임무)
      ………………………… (   )
72. 결정 (결단을 내려 확정함)
      ………………………… (   )
73. 덕담 (상대편에게 잘되기를 비는 말)
      ………………………… (   )
74. 시장 (여러 가지 상품을 팔고 사는 장소)
      ………………………… (   )
75. 기금 (어떤 목적을 위하여 준비하는 자금)
      ………………………… (   )
76. 숙식 (어떤 곳에서 잠을 자고 끼니를 먹음)
      ………………………… (   )
77. 반대 (어떤 의견이나 제안에 찬성하지 않음)
      ………………………… (   )

※다음 故事成語를 完成하시오.

78. 남자와 여자, 늙은이와 젊은이(모든 사람)
      ………… 男女 (   ) 少 라 한다.
79. 떨어지는 꽃과 흐르는 물.
      ………… 落花 (   ) 水 라 한다.
80. 삶과 죽음, 고생과 즐거움(모든 일)
      ………… 生死 (   ) 樂 이라 한다.
81. 매년마다 때가 되면 행해지는 풍속.
      ………… 歲時 (   ) 俗 이라 한다.
82. 주인의 권리가 백성에게 있음.
      ………… 主權 (   ) 民 이라 한다.

※다음 漢字의 部首를 쓰시오.

83. 變 (   ) 84. 報 (   ) 85. 飛 (   )

※같은 뜻의 漢字를 써서 單語를 完成하시오.

86. (   ) - 木   87. 兒 - (   )

88. (   ) - 初

※반대되는 뜻의 漢字를 써서 單語를 完成하시오.

89. 豊 - (   )   90. 陰 - (   )

91. 夏 - (   )

※音은 같으나 뜻이 다른 漢字語를 쓰시오.

92. 引上 : (   ) 사람 얼굴생김새와 골격.

93. 自製 : (   ) 남의 아들을 높임말.

94. 容器 : (   ) 씩씩하고 굳센 기운.

※다음 漢字語의 뜻을 쓰시오.

95. 近接 : (   )

96. 豆油 : (   )

97. 無爲 : (   )

※다음 漢字의 略字를 쓰시오.

98. 會 : (   )

99. 傳 : (   )

100. 廣 : (   )

70점 이상 합격!

/ 100

줄을 긋고
훈음을
적어 보세요.

豊
<풍년풍>

示 禮 (   )
풍년이 들면 조상님께 예도를 올린다.

骨 體 (   )
풍년이 들면 약골도 몸이 튼튼해진다.

合格

- 14 -

전국한자능력검정시험 4급Ⅱ 답안지(1)

번호	답안란	채점	번호	답안란	채점	번호	답안란	채점	번호	답안란	채점
1			12			23			34		
2			13			24			35		
3			14			25			36		
4			15			26			37		
5			16			27			38		
6			17			28			39		
7			18			29			40		
8			19			30			41		
9			20			31			42		
10			21			32			43		
11			22			33			44		

※뒷면으로 이어짐

──────────── 절 취 선 ────────────

4Ⅱ ⑤   성명 [   ]

狀 ( )	聖 ( )	稅 ( )	俗 ( )
常 ( )	盛 ( )	勢 ( )	送 ( )
床 ( )	聲 ( )	素 ( )	收 ( )
想 ( )	城 ( )	掃 ( )	修 ( )
設 ( )	誠 ( )	笑 ( )	受 ( )
星 ( )	細 ( )	續 ( )	授 ( )

성명 [　　　　　　　]

4Ⅱ ⑥	試(　)	壓(　)	硏(　)
守(　)	是(　)	液(　)	煙(　)
純(　)	息(　)	羊(　)	榮(　)
承(　)	申(　)	如(　)	藝(　)
施(　)	深(　)	餘(　)	誤(　)
視(　)	眼(　)	逆(　)	玉(　)
詩(　)	暗(　)	演(　)	△

·· 절 취 선 ··

전국한자능력검정시험 4급Ⅱ 답안지(2)

번호	답안란	채점	번호	답안란	채점	번호	답안란	채점	번호	답안란	채점
45			59			73			87		
46			60			74			88		
47			61			75			89		
48			62			76			90		
49			63			77			91		
50			64			78			92		
51			65			79			93		
52			66			80			94		
53			67			81			95		
54			68			82			96		
55			69			83			97		
56			70			84			98		
57			71			85			99		
58			72			86			100		

第4回 한자능력검정시험 4급 II

(시험시간 : 50분) 시험시작시간　時　　分
　　　　　　　　　시험종료시간　時　　分

※다음 漢字語의 讀音을 쓰시오.

1. 相殺(*　　) 2. 得票(　　)
3. 團圓(　　) 4. 密航(　　)
5. 端正(　　) 6. 詩聖(　　)
7. 開講(　　) 8. 是認(　　)
9. 個別(　　) 10. 掃除(　　)
11. 經常(　　) 12. 素質(　　)
13. 京城(　　) 14. 善處(　　)
15. 留學(　　) 16. 寶物(　　)
17. 律師(　　) 18. 備蓄(　　)
19. 念佛(　　) 20. 回送(　　)

21. 여행지에서 葉書를 띄우다. (　　)
22. 철분이 모자라면 貧血이 된다. (　　)
23. 그 사람은 官運이 있어서 당선되었다. (　　)
24. 이럴까 저럴까 進退양난인 경우가 있다. (　　)
25. 내 친구는 暗算을 참 잘한다. (　　)
26. 친구에게 미안하다고 謝過하였다. (　　)
27. 여기에서 종로까지 往復으로 두 시간이 걸렸다. (　　)
28. 부산에서 港都의 한여름 밤을 보내다. (　　)
29. 이 보석의 眞假를 살펴보자. (　　)
30. 오늘 복잡한 일을 解決하였다. (　　)
31. 얼음에 열을 가하면 液體 상태의 물이 된다. (　　)
32. 태극기는 太極의 철학 사상을 원리로 하여 만든 것이다. (　　)
33. 이제 와 생각하니 그 사람이 野俗도 하다. (　　)
34. 初步에게 그렇게 어려운 일을 맡겨서는 안 된다. (　　)

※위 21~34에서 반대자를 3개 골라 그 번호를 쓰시오.
35. (　　,　　,　　)

※다음 漢字의 訓과 音을 쓰시오.

36. 終(　　) 37. 缺(　　)
38. 罪(　　) 39. 患(　　)
40. 技(　　) 41. 流(　　)
42. 河(　　) 43. 鮮(　　)
44. 牛(　　) 45. 擔(　　)
46. 卒(　　) 47. 億(　　)
48. 慶(　　) 49. 設(　　)
50. 羊(　　) 51. 密(　　)
52. 味(　　) 53. 康(　　)
54. 申(　　) 55. 黨(　　)

※다음 밑줄 친 漢字語를 漢字로 쓰시오.

56. 기분을 잘 조절해야 한다. (　　)
57. 내 동생은 천성이 온순하다. (　　)
58. 모든 기획은 본점에서 한다. (　　)
59. 우리 가정은 화목해서 행복하다. (　　)
60. 나는 선친의 유업을 이어야 한다. (　　)
61. 학교의 권장 도서는 필독해야 한다. (　　)
62. 안 좋은 결과에 대해서 문책을 받다. (　　)
63. 많은 분들의 고견을 감사히 생각하다. (　　)
64. 시험공부를 많이 해서 자신감이 생겼다. (　　)
65. 이번방학에는 봉사 활동이 좀 부족했다. (　　)
66. 홍수로 인하여 농작물에 흉년이 들었다. (　　)
67. 원시시대에는 돌로 만든 도구를 사용했다. (　　)

자꾸 공부 하고픈 책 모의고사문제집   제4회

※다음 밑줄 친 漢字語를 漢字로 쓰시오.

68. 광각 (넓은 각도)
………………………… (   )

69. 유가 (석유의 가격)
………………………… (   )

70. 애족 (겨레를 사랑함)
………………………… (   )

71. 우정 (친구 사이의 정)
………………………… (   )

72. 결심 (마음을 굳게 작정함)
………………………… (   )

73. 과목 (교과를 구성하는 단위)
………………………… (   )

74. 특효 (특별한 효험이나 효과)
………………………… (   )

75. 양육 (돌보아 길러 자라게 함)
………………………… (   )

76. 차선 (주행 방향으로 그어 놓은 선)
………………………… (   )

77. 시조 (한 가계나 왕계의 초대가 되는 사람)
………………………… (   )

※다음 故事成語를 完成하시오.

78. 不正(   )爲   79. 以(   )直告

80. 亡子(   )齒   81. 草(   )同色

82. 大義(   )分

※다음 漢字의 部首를 쓰시오.

83. 鼻 -(   )   84. 事 -(   )

85. 舍 -(   )

※같은 뜻의 漢字를 써서 單語를 完成하시오.

86. (   )- 聲   87. (   )- 爭

88. (   )- 思

※반대되는 뜻의 漢字를 써서 單語를 完成하시오.

89. 因 -(   )   90. (   )- 害

91. 主 -(   )

※音은 같으나 뜻이 다른 漢字語를 쓰시오.

92. 傳記 : (   ) 전자이동의 에너지.

93. 水石 : (   ) 석차 따위에서 제 1위.

94. 施工 : (   ) 시간과 공간.

※다음 漢字語의 뜻을 쓰시오.

95. 絶景 : (   )

96. 放置 : (   )

97. 古宮 : (   )

※다음 漢字의 略字를 쓰시오.

98. 數 : (   )

99. 來 : (   )

100. 世 : (   )

70점 이상 합격!
/100

줄을 긋고 훈음을 적어 보세요.

卓   韓 (   ) 많은 세월 지킨 나라.

韋   亻   偉 (   ) 군복 입은 사람이 큰일을 한다.
<군복위>

行   衛 (   ) 다니면서 온 나라를 지킨다.

合格

- 18 -

전국한자능력검정시험 4급Ⅱ 답안지(1)

번호	답안란	채점	번호	답안란	채점	번호	답안란	채점	번호	답안란	채점
1			12			23			34		
2			13			24			35		
3			14			25			36		
4			15			26			37		
5			16			27			38		
6			17			28			39		
7			18			29			40		
8			19			30			41		
9			20			31			42		
10			21			32			43		
11			22			33			44		

※뒷면으로 이어짐

······················· 절 취 선 ·······················

성명 [   ]

4Ⅱ ⑦	爲( )	移( )	低( )
往( )	肉( )	益( )	敵( )
謠( )	恩( )	引( )	田( )
容( )	陰( )	印( )	絶( )
圓( )	應( )	認( )	接( )
員( )	義( )	障( )	程( )
衛( )	議( )	將( )	△

4Ⅱ ⑧

		除( )		尊( )		指( )	
政( )		祭( )		宗( )		志( )	
精( )		製( )		走( )		至( )	
濟( )		助( )		竹( )		支( )	
提( )		鳥( )		準( )		職( )	
制( )		早( )		衆( )		進( )	
際( )		造( )		增( )		△	

·· 절 취 선 ··

전국한자능력검정시험 4급Ⅱ 답안지(2)

번호	답안란	채점	번호	답안란	채점	번호	답안란	채점	번호	답안란	채점
45			59			73			87		
46			60			74			88		
47			61			75			89		
48			62			76			90		
49			63			77			91		
50			64			78			92		
51			65			79			93		
52			66			80			94		
53			67			81			95		
54			68			82			96		
55			69			83			97		
56			70			84			98		
57			71			85			99		
58			72			86			100		

4級 II ▷중간점검용◁

정답 93쪽

①	②	③	④	⑤
街( )	器( )	兩( )	罰( )	狀( )
假( )	起( )	麗( )	伐( )	常( )
減( )	暖( )	連( )	壁( )	床( )
監( )	難( )	列( )	邊( )	想( )
康( )	怒( )	錄( )	報( )	設( )
講( )	努( )	論( )	步( )	星( )
個( )	斷( )	留( )	寶( )	聖( )
檢( )	端( )	律( )	保( )	盛( )
潔( )	檀( )	滿( )	復( )	聲( )
缺( )	單( )	脈( )	府( )	城( )
慶( )	達( )	毛( )	婦( )	誠( )
警( )	擔( )	牧( )	副( )	細( )
境( )	黨( )	武( )	富( )	稅( )
經( )	帶( )	務( )	佛( )	勢( )
係( )	隊( )	味( )	備( )	素( )
故( )	導( )	未( )	飛( )	掃( )
官( )	督( )	密( )	悲( )	笑( )
求( )	毒( )	博( )	非( )	續( )
句( )	銅( )	防( )	貧( )	俗( )
究( )	斗( )	房( )	謝( )	送( )
宮( )	豆( )	訪( )	師( )	收( )
權( )	得( )	配( )	寺( )	修( )
極( )	燈( )	背( )	舍( )	受( )
禁( )	羅( )	拜( )	殺( )	授( )

4급Ⅱ 중간점검용

⑥	⑦	⑧	⑨	⑩
守( )	往( )	政( )	眞( )	包( )
純( )	謠( )	精( )	次( )	暴( )
承( )	容( )	濟( )	察( )	票( )
施( )	圓( )	提( )	創( )	豐( )
視( )	員( )	制( )	處( )	限( )
詩( )	衛( )	際( )	請( )	航( )
試( )	爲( )	除( )	總( )	港( )
是( )	肉( )	祭( )	銃( )	解( )
息( )	恩( )	製( )	蓄( )	鄕( )
申( )	陰( )	助( )	築( )	香( )
深( )	應( )	鳥( )	蟲( )	虛( )
眼( )	義( )	早( )	忠( )	驗( )
暗( )	議( )	造( )	取( )	賢( )
壓( )	移( )	尊( )	測( )	血( )
液( )	益( )	宗( )	治( )	協( )
羊( )	引( )	走( )	置( )	惠( )
如( )	印( )	竹( )	齒( )	好( )
餘( )	認( )	準( )	侵( )	護( )
逆( )	障( )	衆( )	快( )	呼( )
演( )	將( )	增( )	態( )	戶( )
研( )	低( )	指( )	統( )	貨( )
煙( )	敵( )	志( )	退( )	確( )
榮( )	田( )	至( )	破( )	回( )
藝( )	絶( )	支( )	波( )	吸( )
誤( )	接( )	職( )	砲( )	興( )
玉( )	程( )	進( )	布( )	希( )

第5回 한자능력검정시험 4급Ⅱ

(시험시간 : 50분) 시험시작시간   時   分
시험종료시간   時   分

※다음 漢字語의 讀音을 쓰시오.

1. 賞狀(*) 2. 恩德( )
3. 障害( ) 4. 加擔( )
5. 再起( ) 6. 試藥( )
7. 提議( ) 8. 暗票( )
9. 祭典( ) 10. 兩端( )
11. 指壓( ) 12. 個性( )
13. 解決( ) 14. 未備( )
15. 支院( ) 16. 擧論( )
17. 總角( ) 18. 敎師( )
19. 黃鳥( ) 20. 極限( )

21. 文武에 능하여 임금의 총애를 한 몸에 받았다.
 ············· (   )
22. 누나는 書藝를 잘 쓴다.
 ············· (   )
23. 그 지방은 寒暖의 차이가 심한 곳이다.
 ············· (   )
24. 어릴 때부터 經濟 관념을 키워줘야 한다.
 ············· (   )
25. 저 멀리서 銃聲이 들리다.
 ············· (   )
26. 남의 얘기를 듣고 鼻笑를 지으면 실례다.
 ············· (   )
27. 부모님 은혜에 報答을 해야 한다.
 ············· (   )
28. 순희의 席次가 뒷걸음하여 중위권으로 밀려났다
 ············· (   )
29. 전국 민속 競演 대회에 참가하다.
 ············· (   )
30. 健康은 관리를 잘해야 한다.
 ············· (   )
31. 할머니께서는 오랫동안 病床에 계신다.
 ············· (   )
32. 한자시험의 합격 基準은 70%이다.
 ············· (   )
33. 그는 6·25때 死線을 넘어서 남쪽으로 왔다.
 ············· (   )
34. 우편번호는 集配 우체국의 배달 담당 구역을 표시한다.
 ············· (   )

※위 21~34에서 반대자를 3개 골라 그 번호를 쓰시오.
35. (,   ,   )

※다음 漢字의 訓과 音을 쓰시오.

36. 逆( ) 37. 眼( )
38. 布( ) 39. 低( )
40. 眞( ) 41. 港( )
42. 煙( ) 43. 程( )
44. 鄕( ) 45. 曲( )
46. 液( ) 47. 橋( )
48. 比( ) 49. 寫( )
50. 廣( ) 51. 景( )
52. 兒( ) 53. 史( )
54. 案( ) 55. 救( )

※다음 밑줄 친 漢字語를 漢字로 쓰시오.

56. 교실을 조화롭게 꾸미자.
 ············· (   )
57. 지금은 최첨단 시대이다.
 ············· (   )
58. 역사책에서 위인을 만나다.
 ············· (   )
59. 젊을 때는 청운의 꿈을 꾼다.
 ············· (   )
60. 둘이 결탁하여 흉계를 꾸민다.
 ············· (   )
61. 가족과 함께 축구를 관전했다.
 ············· (   )
62. 도시에는 유동하는 인구가 많다.
 ············· (   )
63. 돛단배는 풍향에 따라 움직인다.
 ············· (   )
64. 불량식품 판매는 고발을 당한다.
 ············· (   )
65. 우정이 변치 말자고 언약을 했다.
 ············· (   )
66. 유명인사들이 각계각층에서 모였다.
 ············· (   )
67. 인위적인 것보다 자연적인 것이 좋다.
 ············· (   )

자꾸 공부 하고픈 책 모의고사문제집 　　　　　　　　　　　　　　제5회

※다음 밑줄 친 漢字語를 漢字로 쓰시오.

68. 구식 (옛 격식)
　　…………………………… (　　　　　)

69. 물질 (물건의 본바탕)
　　…………………………… (　　　　　)

70. 상술 (장사하는 솜씨)
　　…………………………… (　　　　　)

71. 노사 (노동자와 사용자)
　　…………………………… (　　　　　)

72. 도착 (목적지에 다다름)
　　…………………………… (　　　　　)

73. 매주 (그 주일 그 주일)
　　…………………………… (　　　　　)

74. 급변 (갑자기 변하거나 달라짐)
　　…………………………… (　　　　　)

75. 가신 (봉건 시대 사대부를 섬기던 사람)
　　…………………………… (　　　　　)

76. 설명 (어떤 일의 내용을 쉽게 밝혀서 말함)
　　…………………………… (　　　　　)

77. 봉사 (남을 위하여 몸과 마음을 다하여 일함)
　　…………………………… (　　　　　)

※다음 故事成語를 完成하시오.

78. 대나무로 만든 말을 타고 놀던 옛날 친구.
　　…………… 竹馬故(　　　) 라 한다.

79. 가난하지만 편안한 마음으로 도를 즐김.
　　…………… 安貧樂(　　　) 라 한다.

80. 친형제처럼 가깝게 지내는 사이.
　　…………… 呼兄呼(　　　) 라 한다.

81. 먼저 예의를 배우고 나중에 학문을 배움(예의의 중요성)
　　…………… 先禮後(　　　) 이라 한다.

82. 두 법칙이 서로 대립되어 주장되는 일.
　　…………… 二律背(　　　) 이라 한다.

※다음 漢字의 部首를 쓰시오.

83. 束(　　) 84. 東(　　) 85. 面(　　)

※같은 뜻의 漢字를 써서 單語를 完成하시오.

86. (　　　)-達　　87. 幸-(　　　)

88. (　　　)-察

※반대되는 뜻의 漢字를 써서 單語를 完成하시오.

89. (　　　)-往　　90. 將-(　　　)

91. (　　　)-近

※音은 같으나 뜻이 다른 漢字語를 쓰시오.

92. 公衆:(　　　　　) 하늘과 땅 사이의 빈곳.

93. 校監:(　　　　　) 서로 접촉되어 감응함.

94. 獨子:(　　　　　) 책을 읽는 사람.

※다음 漢字語의 뜻을 쓰시오.

95. 行星:(　　　　　　　　　　)

96. 可視:(　　　　　　　　　　)

97. 置重:(　　　　　　　　　　)

※다음 漢字의 略字를 쓰시오.

98. 區:(　　　　)

99. 氣:(　　　　)

100. 圖:(　　　　)

70점 이상 합격!
／100

줄을 긋고 훈과 음을 적어 보세요.

哉
<찰진흙시>
소리나다

言　識(　　) 말소리를 낼 때는 알기 때문이다.

耳　職(　　) 백성의 소리를 귀로 들어야 하는 사람은 벼슬하는 사람의 직분이다.

合格

- 24 -

전국한자능력검정시험 4급Ⅱ 답안지(1)

번호	답안란	채점	번호	답안란	채점	번호	답안란	채점	번호	답안란	채점
1			12			23			34		
2			13			24			35		
3			14			25			36		
4			15			26			37		
5			16			27			38		
6			17			28			39		
7			18			29			40		
8			19			30			41		
9			20			31			42		
10			21			32			43		
11			22			33			44		

※ 뒷면으로 이어짐

──────── 절 취 선 ────────

성명 [　　　　　]

4Ⅱ ⑨

眞（　） 次（　） 察（　） 創（　） 處（　） 請（　）
總（　） 銃（　） 蓄（　） 築（　） 蟲（　） 忠（　） 取（　）
測（　） 治（　） 置（　） 齒（　） 侵（　） 快（　） 態（　）
統（　） 退（　） 破（　） 波（　） 砲（　） 布（　）
△

성명 [   ]

　　　4Ⅱ ⑩　　　港（　　　）　血（　　　）　貨（　　　）
包（　　　）　解（　　　）　協（　　　）　確（　　　）
暴（　　　）　鄉（　　　）　惠（　　　）　回（　　　）
票（　　　）　香（　　　）　好（　　　）　吸（　　　）
豊（　　　）　虛（　　　）　護（　　　）　興（　　　）
限（　　　）　驗（　　　）　呼（　　　）　希（　　　）
航（　　　）　賢（　　　）　戶（　　　）　　　△

·················· 절 취 선 ··················

전국한자능력검정시험　4급Ⅱ　답안지(2)

번호	답안란	채점	번호	답안란	채점	번호	답안란	채점	번호	답안란	채점
45			59			73			87		
46			60			74			88		
47			61			75			89		
48			62			76			90		
49			63			77			91		
50			64			78			92		
51			65			79			93		
52			66			80			94		
53			67			81			95		
54			68			82			96		
55			69			83			97		
56			70			84			98		
57			71			85			99		
58			72			86			100		

성명 [   ]

第6回 한자능력검정시험 4급Ⅱ

(시험시간 : 50분)   시험시작시간   時   分
　　　　　　　　　　시험종료시간   時   分

※다음 漢字語의 讀音을 쓰시오.

1. 敗北(*)   2. 速斷( )
3. 保稅( )   4. 進級( )
5. 在職( )   6. 視察( )
7. 步兵( )   8. 藝術( )
9. 再次( )   10. 誤導( )
11. 非情( ) 12. 銃器( )
13. 製鐵( ) 14. 溫帶( )
15. 備置( ) 16. 總警( )
17. 制限( ) 18. 確固( )
19. 續講( ) 20. 爭取( )

21. 고산지대에 오르면 呼吸이 곤란하다. (   )
22. 그 친구의 態度가 불손하였다. (   )
23. 모든 興亡은 본인의 손에 달렸다. (   )
24. 모든 假說과 이념에 대하여 근원적인 물음을 던진다. (   )
25. 체력은 貧弱하지만 의지는 강하다. (   )
26. 아침 조회 시간마다 出缺 상황을 조사하셨다. (   )
27. 기숙사에는 舍監께서 학생들을 감독한다. (   )
28. 올 겨울에는 寒波가 많이 온다고 한다. (   )
29. 鳥類독감은 급성 바이러스성 질병이다. (   )
30. 檢印이 없는 서류는 받아 줄 수 없다. (   )
31. 우리는 목숨을 걸고 이 고지를 死守할 것이다. (   )
32. 배를 타고 航海를 하다가 해안에 이르렀다. (   )
33. 그는 한국 바둑계에서 至尊의 자리에 있다. (   )
34. 이 문제는 전문가도 풀기 어려운 難題이다. (   )

※위 21~34에서 반대자를 3개 골라 그 번호를 쓰시오.
35. (,   ,   )

※다음 漢字의 訓과 音을 쓰시오.

36. 倍( )   37. 窓( )
38. 族( )   39. 句( )
40. 係( )   41. 奉( )
42. 變( )   43. 究( )
44. 表( )   45. 都( )
46. 壇( )   47. 香( )
48. 極( )   49. 素( )
50. 黃( )   51. 快( )
52. 團( )   53. 掃( )
54. 怒( )   55. 戶( )

※다음 밑줄 친 漢字語를 漢字로 쓰시오.

56. 체력시험에 통과하였다. (   )
57. 나는 음악적인 재능이 있다. (   )
58. 이상보다는 현실을 생각하자. (   )
59. 선풍기를 이용해서 절전하자. (   )
60. 고단한 일과를 무사히 마쳤다. (   )
61. 저녁시간 이후 간식은 해롭다. (   )
62. 체조선수들의 착지는 절묘하다. (   )
63. 집 앞 눈치우기에 전부 동참하자. (   )
64. 공부할 때는 집중해야 효과가 있다. (   )
65. 해안지방에서 화석이 많이 발견된다. (   )
66. 여왕이 통치하고 수도가 런던인 영국. (   )
67. 여름철에는 태양의 자외선을 차단하자. (   )

자꾸 공부 하고픈 책 모의고사문제집　　　　　　　　　　　제6회

※다음 밑줄 친 漢字語를 漢字로 쓰시오.

68. 광선 (빛살)
　　…………………………… (　　　　　　)

69. 신참 (새로 들어온 사람)
　　…………………………… (　　　　　　)

70. 광고 (세상에 널리 알림)
　　…………………………… (　　　　　　)

71. 공식 (공적으로 규정한 형식)
　　…………………………… (　　　　　　)

72. 의약 (병을 고치는데 쓰는 약)
　　…………………………… (　　　　　　)

73. 재계 (실업가나 금융업자의 사회)
　　…………………………… (　　　　　　)

74. 음복 (제사를 지내고 나서 먹는 일)
　　…………………………… (　　　　　　)

75. 신념 (굳게 믿어 의심하지 않는 마음)
　　…………………………… (　　　　　　)

76. 개점 (가게를 내어 영업을 처음 시작함)
　　…………………………… (　　　　　　)

77. 결승 (운동 경기에서 이기고 짐을 마지막으로 가림)
　　…………………………… (　　　　　　)

※다음 故事成語를 完成하시오.

78. 不(　　　)曲直　79. 結(　　　)報恩

80. 善(　　　)善女　81. 論(　　　)行賞

82. 角(　　　)無齒

※다음 漢字의 部首를 쓰시오.

83. 牧 -(　　　　)　84. 務 -(　　　　)

85. 武 -(　　　　)

※같은 뜻의 漢字를 써서 單語를 完成하시오.

86. 希 -(　　　)　87. 虛 -(　　　)

88. 協 -(　　　)

※반대되는 뜻의 漢字를 써서 單語를 完成하시오.

89. (　　　)- 終　90. (　　　)- 夕

91. (　　　)- 他

※音은 같으나 뜻이 다른 漢字語를 쓰시오.

92. 童詩 : (　　　　　) 같은 시간.

93. 船貨 : (　　　　　) 선으로만 그린 그림.

94. 仕記 : (　　　　　) 병사들의 씩씩한 기개.

※다음 漢字語의 뜻을 쓰시오.

95. 故人 : (　　　　　　　　　　)

96. 未安 : (　　　　　　　　　　)

97. 處理 : (　　　　　　　　　　)

※다음 漢字의 略字를 쓰시오.

98. 學 : (　　　　　)

99. 當 : (　　　　　)

100. 戰 : (　　　　　)

70점 이상 합격!
100

줄을 긋고 훈음을 적어 보세요.

攵　建(　　　) 붓을 당겨서 세운다.

聿 <붓 율>
<오직 율>

亻　健(　　　) 사람은 굳세야 한다.

亻　律(　　　) 많은사람 지켜야 하는 것은 법칙이다.

合格

- 28 -

전국한자능력검정시험 4급Ⅱ 답안지(1)

번호	답안란	채점	번호	답안란	채점	번호	답안란	채점	번호	답안란	채점
1			12			23			34		
2			13			24			35		
3			14			25			36		
4			15			26			37		
5			16			27			38		
6			17			28			39		
7			18			29			40		
8			19			30			41		
9			20			31			42		
10			21			32			43		
11			22			33			44		

※뒷면으로 이어짐

·········· 절 취 선 ··········

5급 ①   성명 [   ]

加( )	件( )	考( )	給( )
可( )	建( )	曲( )	汽( )
改( )	輕( )	橋( )	期( )
去( )	競( )	救( )	技( )
擧( )	景( )	貴( )	吉( )
健( )	固( )	規( )	壇( )
			談( )

5급 ②　　　　　　　　　　　　　　　　　　성명 [　　　　　　　　　]

都 (　　　)	令 (　　　)	賣 (　　　)	氷 (　　　)
島 (　　　)	料 (　　　)	無 (　　　)	寫 (　　　)
落 (　　　)	馬 (　　　)	倍 (　　　)	查 (　　　)
冷 (　　　)	末 (　　　)	費 (　　　)	思 (　　　)
量 (　　　)	亡 (　　　)	比 (　　　)	賞 (　　　)
領 (　　　)	買 (　　　)	鼻 (　　　)	序 (　　　)
			選 (　　　)

·············· 절 취 선 ··············

전국한자능력검정시험　4급Ⅱ　답안지(2)

번호	답안란	채점	번호	답안란	채점	번호	답안란	채점	번호	답안란	채점
45			59			73			87		
46			60			74			88		
47			61			75			89		
48			62			76			90		
49			63			77			91		
50			64			78			92		
51			65			79			93		
52			66			80			94		
53			67			81			95		
54			68			82			96		
55			69			83			97		
56			70			84			98		
57			71			85			99		
58			72			86			100		

第7回 한자능력검정시험 4급 II

(시험시간 : 50분) 시험시작시간   時   分
시험종료시간   時   分

※ 다음 漢字語의 讀音을 쓰시오.

1. 句讀(*   )
2. 苦難(   )
3. 假笑(   )
4. 築城(   )
5. 低空(   )
6. 統治(   )
7. 可視(   )
8. 暖房(   )
9. 貯蓄(   )
10. 黨權(   )
11. 間接(   )
12. 回復(   )
13. 建議(   )
14. 擔稅(   )
15. 造船(   )
16. 吸收(   )
17. 警察(   )
18. 滿員(   )
19. 調製(   )
20. 牧童(   )

21. 광복절에는 각 기관별로 <u>慶祝</u> 행사를 갖는다. (   )
22. <u>律詩</u>는 여덟 구로 이루어지는 한시 형식을 이른다. (   )
23. 지혜는 <u>經驗</u>에서 나온다. (   )
24. 칼을 찬 두 명의 <u>武將</u>이 나에게 다가왔다 (   )
25. 주위 소음은 공부하는데 <u>支障</u>을 준다. (   )
26. 자신의 <u>榮達</u>을 위해서 남을 모략하면 안 된다. (   )
27. 떠나는 선생님을 눈물로 <u>送別</u>하였다. (   )
28. 두 나라 간에 <u>密約</u>이 있었다. (   )
29. 시험 <u>監督</u>은 엄격하다. (   )
30. 측우기로써 비의 양을 <u>測量</u>한다. (   )
31. <u>職級</u>이 높을수록 책임감이 많다. (   )
32. <u>博物</u>관에는 우리의 유물이 가득하다. (   )
33. 서적을 볼 땐 <u>總論</u>부터 살핀다. (   )
34. 물건이나 사람의 생긴 모양을 <u>形狀</u>이라 한다. (   )

※ 위 21~34에서 유의자를 3개 골라 그 번호를 쓰시오.

35. (,   ,   )

※ 다음 漢字의 訓과 音을 쓰시오.

36. 隊(   ) 37. 部(   )
38. 航(   ) 39. 位(   )
40. 原(   ) 41. 使(   )
42. 毒(   ) 43. 解(   )
44. 席(   ) 45. 材(   )
46. 銅(   ) 47. 賢(   )
48. 耳(   ) 49. 的(   )
50. 虛(   ) 51. 致(   )
52. 斗(   ) 53. 羅(   )
54. 消(   ) 55. 協(   )

※ 다음 밑줄 친 漢字語를 漢字로 쓰시오.

56. 학교는 <u>단체</u>생활이다. (   )
57. 5·18 <u>광주</u> 민주화운동 (   )
58. 무궁한 <u>발전</u>을 기원한다. (   )
59. 갈수록 작품이 <u>세련</u> 돼 간다. (   )
60. 서울 <u>광장</u>에서 유세가 있었다. (   )
61. 항상 <u>교양</u> 있는 사람이 됩시다. (   )
62. 성공 사례담을 듣고 <u>감화</u>를 받다. (   )
63. 문제해결의 좋은 <u>방법</u>은 없을까? (   )
64. 자기 의견을 <u>강요</u>해서는 안 된다. (   )
65. 잘못을 하면 <u>양심</u>의 가책을 느낀다. (   )
66. 동양의 <u>고전</u>을 통해 성현의 지혜를 배운다. (   )
67. 이번 시험은 평균 90점 <u>이상</u>이 되어야 한다. (   )

※다음 밑줄 친 漢字語를 漢字로 쓰시오.

68. 합당 (꼭 알맞음)
.... (   )

69. 염두 (마음. 생각)
.... (   )

70. 다능 (능력이 많음)
.... (   )

71. 온기 (따뜻한 기운)
.... (   )

72. 친구 (친하게 사귀는 벗)
.... (   )

73. 숙명 (날 때부터 타고난 운명)
.... (   )

74. 지구 (인류가 살고 있는 천체)
.... (   )

75. 생선 (잡은 그대로의 신선한 물고기)
.... (   )

76. 형편 (일이 되어 가는 모양이나 결과)
.... (   )

77. 지식 (사물에 관한 명료한 의식과 판단)
.... (   )

※다음 故事成語를 完成하시오.

78. 백년이 되어도 황하가 맑지 않음(오랜 세월이 지나도 변치 않음)
.... 百（   ）河淸 이라 한다.

79. 원인과 결과에 따라 훗날 길흉화복의 갚음을 이르는 말.
.... 因（   ）應報 라 한다.

80. 선비·농업·상업·공업(왕조 때의 신분 네 가지)
.... 士（   ）工商 이라 한다.

81. 아침저녁으로 뜯어 고침(결심이나 결정이 자주 바뀜)
.... 朝（   ）夕改 라 한다.

82. 앞 시대에는 들어 본 적이 없음(매우 놀라운 일이나 새로운 것)
.... 前（   ）未聞 이라 한다.

※다음 漢字의 部首를 쓰시오.

83. 聖（   ） 84. 歲（   ） 85. 所（   ）

※같은 뜻의 漢字를 써서 單語를 完成하시오.

86. 家 -（   ） 87. 單 -（   ）

88. 經 -（   ）

※반대되는 뜻의 漢字를 써서 單語를 完成하시오.

89. （   ）- 暗   90. 老 -（   ）

91. （   ）- 海

※音은 같으나 뜻이 다른 漢字語를 쓰시오.

92. 時調 : （   ) 한 가계나 왕계의 초대가 되는 사람.

93. 受賞 : （   ) 내각의 우두머리.

94. 二姓 : （   ) 도리에 따라 판단하는 능력.

※다음 漢字語의 뜻을 쓰시오.

95. 初步 : （   )

96. 流配 : （   )

97. 帶同 : （   )

※다음 漢字의 略字를 쓰시오.

98. 國 : （   )

99. 萬 : （   )

100. 長 : （   )

70점 이상 합격 !
/ 100

줄을 긋고 훈음을 적어 보세요.

食
(밥 식)

余
<나 여>

阝
(클 부)

餘（   ) 밥을 먹다가 남긴다.

除（   ) 큰일도 내가 도우면 일이 덜어진다.

合格

전국한자능력검정시험 4급Ⅱ 답안지(1)

번호	답안란	채점	번호	답안란	채점	번호	답안란	채점	번호	답안란	채점
1			12			23			34		
2			13			24			35		
3			14			25			36		
4			15			26			37		
5			16			27			38		
6			17			28			39		
7			18			29			40		
8			19			30			41		
9			20			31			42		
10			21			32			43		
11			22			33			44		

※뒷면으로 이어짐

·· 절 취 선 ··

5급 ③   성명 [   ]

船 ( )	億 ( )	浴 ( )	位 ( )
善 ( )	熱 ( )	牛 ( )	耳 ( )
示 ( )	葉 ( )	雄 ( )	因 ( )
案 ( )	屋 ( )	院 ( )	災 ( )
魚 ( )	完 ( )	原 ( )	再 ( )
			爭 ( )
漁 ( )	曜 ( )	願 ( )	貯 ( )

5급 ④   성명 [   ]

赤 ( )	唱 ( )	則 ( )	敗 ( )
停 ( )	鐵 ( )	他 ( )	河 ( )
操 ( )	初 ( )	打 ( )	寒 ( )
終 ( )	最 ( )	卓 ( )	許 ( )
罪 ( )	祝 ( )	炭 ( )	湖 ( )
止 ( )	致 ( )	板 ( )	患 ( )
			黑 ( )

··········· 절 취 선 ···········

전국한자능력검정시험 4급Ⅱ 답안지(2)

번호	답안란	채점	번호	답안란	채점	번호	답안란	채점	번호	답안란	채점
45			59			73			87		
46			60			74			88		
47			61			75			89		
48			62			76			90		
49			63			77			91		
50			64			78			92		
51			65			79			93		
52			66			80			94		
53			67			81			95		
54			68			82			96		
55			69			83			97		
56			70			84			98		
57			71			85			99		
58			72			86			100		

第8回 한자능력검정시험 4급II

(시험시간 : 50분) 시험시작시간 時 分
시험종료시간 時 分

※다음 漢字語의 讀音을 쓰시오.

1. 參萬(*)
2. 詩題( )
3. 銀貨( )
4. 施惠( )
5. 假面( )
6. 故障( )
7. 陰極( )
8. 國際( )
9. 感想( )
10. 城壁( )
11. 應試( )
12. 寺院( )
13. 領置( )
14. 暖帶( )
15. 改築( )
16. 謝罪( )
17. 誤認( )
18. 軍隊( )
19. 檢擧( )
20. 佛經( )

21. 이 문제에는 찬성과 반대의 兩論이 있다. ( )
22. 어떤 질문은 대답하기 難處하다. ( )
23. 주문진은 영동 지방의 손꼽히는 漁港이다. ( )
24. 그 후보를 지지해야 하는 確信이 생겼다. ( )
25. 환경단체들이 폐수 정화 시스템에 대한 監視에 나섰다. ( )
26. 힘든 나머지 路邊의 한 나무에 기대였다. ( )
27. 요즘은 노인에 대한 공경심이 缺如되어 있다. ( )
28. 宦職에 나아가서는 청렴하여야 한다. ( )
29. 가장 소중한 것은 健康이다. ( )
30. 빌려 온 물건을 回傳 시켰다. ( )
31. 아직도 여름의 餘熱이 감돌아 반팔 차림이 많다. ( )
32. 출항한 고기잡이가 滿船이 되어 돌아온다. ( )
33. 대통령의 警護가 삼엄하였다. ( )
34. 군대의 주목적은 국토의 防衛다. ( )

※위 21~34에서 유의자를 3개 골라 그 번호를 쓰시오.

35. (, ,)

※다음 漢字의 訓과 音을 쓰시오.

36. 保( )
37. 罰( )
38. 週( )
39. 州( )
40. 步( )
41. 毛( )
42. 度( )
43. 豆( )
44. 等( )
45. 留( )
46. 列( )
47. 米( )
48. 質( )
49. 限( )
50. 綠( )
51. 脈( )
52. 麗( )
53. 以( )
54. 祝( )
55. 錄( )

※다음 밑줄 친 漢字語를 漢字로 쓰시오.

56. 학생은 품행이 단정해야 한다. ( )
57. 학교성적이 현재 내가 1등이다. ( )
58. 결혼식이 식순에 의해 치러졌다. ( )
59. 마음에 충족되어야 불만이 없다. ( )
60. 우리 할머니의 춘추는 80세이다. ( )
61. 반가운 친구로부터 전화가 왔다. ( )
62. 약은 정성껏 달여야 약효가 있다. ( )
63. 눈썰매장에서는 주의를 해야 한다. ( )
64. 내일이 초등학교 졸업하는 날이다. ( )
65. 과학자가 되어 인류에 이바지하고 싶다. ( )
66. 우리 어머니는 동생 육아 일기를 쓰신다. ( )
67. 우리 속담에 시작이 반이라는 말이 있다. ( )

자꾸 공부 하고픈 책 모의고사문제집　　　　　제8회

※다음 밑줄 친 漢字語를 漢字로 쓰시오.

68. 객석 (손님이 앉는 자리)
…………………… (　　　　　　)

69. 결국 (일의 마무리 단계)
…………………… (　　　　　　)

70. 경례 (공경의 뜻을 나타냄)
…………………… (　　　　　　)

71. 과외 (정하여진 교육과정 밖)
…………………… (　　　　　　)

72. 농민 (농업에 종사하는 사람)
…………………… (　　　　　　)

73. 과속 (속도를 너무 빠르게 함)
…………………… (　　　　　　)

74. 견본 (본보기로 보이는 상품의 일부)
…………………… (　　　　　　)

75. 성격 (각 개인이 가지고 있는 특유한 성질)
…………………… (　　　　　　)

76. 고백 (마음속에 숨기고 있던 것을 털어놓음)
…………………… (　　　　　　)

77. 개발 (새로운 것을 생각해 내어 실용화하는 일)
…………………… (　　　　　　)

※다음 故事成語를 完成하시오.

78. 風(　　　)燈火　　79. 連戰連(　　　)

80. 三(　　　)一體　　81. 博學多(　　　)

82. 不(　　　)再言

※다음 漢字의 部首를 쓰시오.

83. 臣 -(　　　　)　　84. 愛 -(　　　　)

85. 麗 -(　　　　)

※같은 뜻의 漢字를 써서 單語를 完成하시오.

86. 境 -(　　　)　　87. 到 -(　　　)

88. 圖 -(　　　)

※반대되는 뜻의 漢字를 써서 單語를 完成하시오.

89. 勞 -(　　　)　　90. 得 -(　　　)

91. 冷 -(　　　)

※音은 같으나 뜻이 다른 漢字語를 쓰시오.

92. 聖名 : (　　　　　) 성과 이름.

93. 小門 : (　　　　　) 전하여 들리는 말.

94. 理解 : (　　　　　) 이로움과 해로움.

※다음 漢字語의 뜻을 쓰시오.

95. 報恩 : (　　　　　　　　　)

96. 副次 : (　　　　　　　　　)

97. 誠金 : (　　　　　　　　　)

※다음 漢字의 略字를 쓰시오.

98. 團 : (　　　　　)

99. 對 : (　　　　　)

100. 同 : (　　　　　)

70점 이상 합격!
100

줄을 긋고 훈음을 적어 보세요.

灬　熱(　　) 불기운 때문에 덥다.

執　力　勢(　　) 힘이 있는 형세와 세력.
<뿌릴예>

卄云　藝(　　) 풀밭에 씨앗을 뿌려 거두는 것도 농부의 재주.

合格

- 36 -

■ 사단법인 한국어문회·한자능력검정회 주관

수험번호 □□□-□□-□□□□ 성명 □□□□□
주민등록번호 □□□□□□-□□□□□□□
※ 유성 싸인펜, 붉은색 필기구 사용 불가.
※답안지는 컴퓨터로 처리되므로 구기거나 더럽히지 마시고, 정답 칸 안에만 쓰십시오. 글씨가 채점란으로 들어오면 오답처리가 됩니다.

전국한자능력검정시험 4급Ⅱ 답안지(1)

번호	답안란	채점	번호	답안란	채점	번호	답안란	채점	번호	답안란	채점
1			12			23			34		
2			13			24			35		
3			14			25			36		
4			15			26			37		
5			16			27			38		
6			17			28			39		
7			18			29			40		
8			19			30			41		
9			20			31			42		
10			21			32			43		
11			22			33			44		

※뒷면으로 이어짐

·············· 절 취 선 ··············

5Ⅱ ①   성명 [   ]

값 가 ( )	맺을 결 ( )	관계할관 ( )	판 국 ( )	둥글 단 ( )
손 객 ( )	공경 경 ( )	볼 관 ( )	몸 기 ( )	마땅 당 ( )
격식 격 ( )	고할 고 ( )	넓을 광 ( )	터 기 ( )	큰 덕 ( )
볼 견 ( )	공부할과 ( )	갖출 구 ( )	생각 념 ( )	이를 도 ( )
결단할결 ( )	지날 과 ( )	예 구 ( )	능할 능 ( )	홀로 독 ( )

5Ⅱ ②　　　　　　　　　　　　　　　　　　　　　　성명 [　　　　　　　　]

밝을 랑 (　　)	일할 로 (　　)	법　법 (　　)	사기 사 (　　)	장사 상 (　　)
어질 량 (　　)	무리 류 (　　)	변할 변 (　　)	선비 사 (　　)	고울 선 (　　)
나그네려 (　　)	흐를 류 (　　)	병사 병 (　　)	섬길 사 (　　)	신선 선 (　　)
지날 력 (　　)	뭍　륙 (　　)	복　복 (　　)	낳을 산 (　　)	말씀 설 (　　)
익힐 련 (　　)	바랄 망 (　　)	받들 봉 (　　)	서로 상 (　　)	성품 성 (　　)

················· 절　취　선 ·················

전국한자능력검정시험　4급Ⅱ　답안지(2)

번호	답안란	채점	번호	답안란	채점	번호	답안란	채점	번호	답안란	채점
45			59			73			87		
46			60			74			88		
47			61			75			89		
48			62			76			90		
49			63			77			91		
50			64			78			92		
51			65			79			93		
52			66			80			94		
53			67			81			95		
54			68			82			96		
55			69			83			97		
56			70			84			98		
57			71			85			99		
58			72			86			100		

5級　▷중간점검용◁

① 加( ) 可( ) 改( ) 去( ) 擧( ) 健( ) 件( ) 建( ) 輕( ) 競( ) 景( ) 固( ) 考( ) 曲( ) 橋( ) 救( ) 貴( ) 規( ) 給( ) 汽( ) 期( ) 技( ) 吉( ) 壇( ) 談( )

② 都( ) 島( ) 落( ) 冷( ) 量( ) 領( ) 令( ) 料( ) 馬( ) 末( ) 亡( ) 買( ) 賣( ) 無( ) 倍( ) 費( ) 比( ) 鼻( ) 氷( ) 寫( ) 査( ) 思( ) 賞( ) 序( ) 選( )

③ 船( ) 善( ) 示( ) 案( ) 魚( ) 漁( ) 億( ) 熱( ) 葉( ) 屋( ) 完( ) 曜( ) 浴( ) 牛( ) 雄( ) 院( ) 原( ) 願( ) 位( ) 耳( ) 因( ) 災( ) 再( ) 爭( ) 貯( )

④ 赤( ) 停( ) 操( ) 終( ) 罪( ) 止( ) 唱( ) 鐵( ) 初( ) 最( ) 祝( ) 致( ) 則( ) 他( ) 打( ) 卓( ) 炭( ) 板( ) 敗( ) 河( ) 寒( ) 許( ) 湖( ) 患( ) 黑( )

5級 II	▷중간점검용◁		정답 94쪽

① ② ③ ④

①	②	③	④
價（　）	朗（　）	洗（　）	傳（　）
客（　）	良（　）	歲（　）	展（　）
格（　）	旅（　）	束（　）	切（　）
見（　）	歷（　）	首（　）	節（　）
決（　）	練（　）	宿（　）	店（　）
結（　）	勞（　）	順（　）	情（　）
敬（　）	類（　）	識（　）	調（　）
告（　）	流（　）	臣（　）	卒（　）
課（　）	陸（　）	實（　）	種（　）
過（　）	望（　）	兒（　）	週（　）
關（　）	法（　）	惡（　）	州（　）
觀（　）	變（　）	約（　）	知（　）
廣（　）	兵（　）	養（　）	質（　）
具（　）	福（　）	要（　）	着（　）
舊（　）	奉（　）	友（　）	參（　）
局（　）	史（　）	雨（　）	責（　）
己（　）	士（　）	雲（　）	充（　）
基（　）	仕（　）	元（　）	宅（　）
念（　）	産（　）	偉（　）	品（　）
能（　）	相（　）	以（　）	必（　）
團（　）	商（　）	任（　）	筆（　）
當（　）	鮮（　）	材（　）	害（　）
德（　）	仙（　）	財（　）	化（　）
到（　）	說（　）	的（　）	效（　）
獨（　）	性（　）	典（　）	凶（　）

- 40 -

第9回 한자능력검정시험 4급Ⅱ

(시험시간 : 50분)   시험시작시간 時 分
시험종료시간 時 分

※다음 漢字語의 讀音을 쓰시오.

1. 計畫(*)
2. 總量( )
3. 低俗( )
4. 關係( )
5. 傳送( )
6. 極端( )
7. 個別( )
8. 齒根( )
9. 節制( )
10. 豊滿( )
11. 早朝( )
12. 權勢( )
13. 開票( )
14. 暴雪( )
15. 安置( )
16. 建築( )
17. 輕視( )
18. 害蟲( )
19. 尊敬( )
20. 虛費( )

21. 내일 시험 칠 準備는 끝났다.
................................(   )
22. 정치는 주로 黨爭이 많다.
................................(   )
23. 어려운 사람을 救濟하다.
................................(   )
24. 副賞으로 컴퓨터를 탔다.
................................(   )
25. 牧師님의 설교를 듣고 감명 받았다.
................................(   )
26. 산에는 毒草도 있으니 아무거나 먹으면 안 된다.
................................(   )
27. 왕건이 918년에 개성에 세운 나라 高麗
................................(   )
28. 面接에서는 많이 떨릴 것 같다.
................................(   )
29. 전화선을 增設하다.
................................(   )
30. 설에는 부모님께 歲拜를 한다.
................................(   )
31. 公演 10분전에 입장을 하다.
................................(   )
32. 내가 아끼는 물건을 羅列 해 보았다.
................................(   )
33. 그 사람의 이야기를 參考하다.
................................(   )
34. 정직하지 못하면 대화가 斷絶된다.
................................(   )

※위 21~34에서 유의자를 3개 골라 그 번호를 쓰시오.
35. (,   ,   )

※다음 漢字의 訓과 音을 쓰시오.

36. 笑( )
37. 創( )
38. 次( )
39. 貯( )
40. 赤( )
41. 性( )
42. 如( )
43. 姓( )
44. 神( )
45. 蓄( )
46. 英( )
47. 容( )
48. 仙( )
49. 際( )
50. 玉( )
51. 處( )
52. 謠( )
53. 朗( )
54. 雄( )
55. 具( )

※다음 밑줄 친 漢字語를 漢字로 쓰시오.

56. 남의 작품을 감상하다.
................................(   )
57. 나는 매일 신문을 본다.
................................(   )
58. 원서에 자택주소를 쓰다.
................................(   )
59. 깜빡 중요한 일을 잊었다.
................................(   )
60. 우리나라 고유의 시조를 읊다.
................................(   )
61. 직업 의식이 강해야 성공한다.
................................(   )
62. 심한 운동은 오히려 역효과이다.
................................(   )
63. 번지점프에 용기를 내어 도전하다.
................................(   )
64. 고압의 전류가 전선에 흐르고 있다.
................................(   )
65. 직업도 세분화 되어 업종이 다양하다.
................................(   )
66. 정적끼리는 정치적인 이념을 달리한다.
................................(   )
67. 여행도중 기름이 부족하여 주유를 했다.
................................(   )

자꾸 공부 하고픈 책 모의고사문제집 　　　　　　　　　　제9회

※다음 밑줄 친 漢字語를 漢字로 쓰시오.

68. 개화 (꽃이 핌)
……………………… (　　　　　)

69. 착륙 (땅위에 내림)
……………………… (　　　　　)

70. 과분 (분수에 넘치다)
……………………… (　　　　　)

71. 학창 (학교를 달리 이르는 말)
……………………… (　　　　　)

72. 만능 (온갖 일에 두루 능통함)
……………………… (　　　　　)

73. 다행 (일이 잘 펴이게 되어 좋음)
……………………… (　　　　　)

74. 발명 (새로 생각해 내거나 만들어 냄)
……………………… (　　　　　)

75. 공부 (학문이나 기술을 배우거나 닦음)
……………………… (　　　　　)

76. 교류 (문화나 사상 따위가 서로 오가며 섞임)
……………………… (　　　　　)

77. 결과 (어떤 까닭으로 말미암아 이루어지는 끝맺음)
……………………… (　　　　　)

※다음 故事成語를 完成 하시오.

78. 전쟁에서 이기고 지는 것은 항상 있는 일 (실패를 격려하는 말)
………………… (　　　　) 家常事 라 한다.

79. 이로운 것을 보면 옳은 것을 생각함
………………… (　　　　) 利思義 라 한다.

80. 강이나 호수 위에 안개처럼 보얗게 이는 잔물결.
………………… (　　　　) 湖煙波 라 한다.

81. 글방의 네 가지 벗(종이 · 붓 · 벼루 · 먹)
………………… (　　　　) 房四友 라 한다.

82. 혼자서는 장군이 되지 않는다(교만을 경계하는 말)
………………… (　　　　) 不將軍 이라 한다.

※다음 漢字의 部首를 쓰시오.

83. 色 (　　) 84. 勝 (　　) 85. 承 (　　)

※같은 뜻의 漢字를 써서 單語를 完成하시오.

86. 生 - (　　　) 　　87. 言 - (　　　)

88. 心 - (　　　)

※반대되는 뜻의 漢字를 써서 單語를 完成하시오.

89. (　　　　) - 鄕 　　90. 當 - (　　　　)

91. (　　　　) - 逆

※音은 같으나 뜻이 다른 漢字語를 쓰시오.

92. 山水 : (　　　　) 셈을 가르치는 과목.

93. 全力 : (　　　　) 과거의 경력.

94. 消息 : (　　　　) 음식을 적게 먹음.

※다음 漢字語의 뜻을 쓰시오.

95. 達人 : (　　　　　　　　　　)

96. 兩親 : (　　　　　　　　　　)

97. 缺試 : (　　　　　　　　　　)

※다음 漢字의 略字를 쓰시오.

98. 禮 : (　　　　)

99. 體 : (　　　　)

100. 定 : (　　　　)

70점 이상 합격!
／100

줄을 긋고 훈음을 적어 보세요.

力　努 (　　　) 상전을 위하여 힘쓴다.

奴
<종 노>

心　怒 (　　　) 종도 마음으로 성낸다.

合格

- 42 -

■ 사단법인 한국어문회·한자능력검정회 주관

수험번호 □□□-□□-□□□□   성명 □□□□
주민등록번호 □□□□□□-□□□□□□□
※ 유성 싸인펜, 붉은색 필기구 사용 불가.
※답안지는 컴퓨터로 처리되므로 구기거나 더럽히지 마시고, 정답 칸 안에만 쓰십시오. 글씨가 채점란으로 들어오면 오답처리가 됩니다.

전국한자능력검정시험 4급Ⅱ 답안지(1)

번호	답안란	채점	번호	답안란	채점	번호	답안란	채점	번호	답안란	채점
1			12			23			34		
2			13			24			35		
3			14			25			36		
4			15			26			37		
5			16			27			38		
6			17			28			39		
7			18			29			40		
8			19			30			41		
9			20			31			42		
10			21			32			43		
11			22			33			44		

※뒷면으로 이어짐

·········· 절 취 선 ··········

5Ⅱ ③   성명 [   ]

씻을 세 ( )	순할 순 ( )	악할 악 ( )	비 우 ( )	맡길 임 ( )
해 세 ( )	알 식 ( )	맺을 약 ( )	구름 운 ( )	재목 재 ( )
묶을 속 ( )	신하 신 ( )	기를 양 ( )	으뜸 원 ( )	재물 재 ( )
머리 수 ( )	열매 실 ( )	요긴할 요 ( )	클 위 ( )	과녁 적 ( )
잘 숙 ( )	아이 아 ( )	벗 우 ( )	써 이 ( )	법 전 ( )

5Ⅱ ④　　　　　　　　　　　　　　성명 [　　　　　　　　　　　]

전할 전 ( )	뜻 정 ( )	고을 주 ( )	꾸짖을책 ( )	붓 필 ( )
펼 전 ( )	고를 조 ( )	알 지 ( )	채울 충 ( )	해할 해 ( )
끊을 절 ( )	마칠 졸 ( )	바탕 질 ( )	집 택 ( )	될 화 ( )
마디 절 ( )	씨 종 ( )	붙을 착 ( )	물건 품 ( )	본받을효 ( )
가게 점 ( )	주일 주 ( )	참여할참 ( )	반드시필 ( )	흉할 흉 ( )

·· 절 취 선 ··

전국한자능력검정시험　4급Ⅱ　답안지(2)

번호	답안란	채점	번호	답안란	채점	번호	답안란	채점	번호	답안란	채점
45			59			73			87		
46			60			74			88		
47			61			75			89		
48			62			76			90		
49			63			77			91		
50			64			78			92		
51			65			79			93		
52			66			80			94		
53			67			81			95		
54			68			82			96		
55			69			83			97		
56			70			84			98		
57			71			85			99		
58			72			86			100		

第10回 한자능력검정시험 4급II

(시험시간 : 50분) 시험시작시간　時　分
시험종료시간　時　分

※다음 漢字語의 讀音을 쓰시오.

1. 暴惡(*　　)
2. 虛送(　　)
3. 部處(　　)
4. 聖賢(　　)
5. 監修(　　)
6. 豊足(　　)
7. 博識(　　)
8. 速報(　　)
9. 悲歌(　　)
10. 包容(　　)
11. 放牧(　　)
12. 守備(　　)
13. 效驗(　　)
14. 破紙(　　)
15. 保護(　　)
16. 純潔(　　)
17. 呼價(　　)
18. 深度(　　)
19. 殺伐(　　)
20. 退職(　　)

21. 태백山脈을 경계로 하여 지역이 동서로 나뉜다. ( )
22. 정국에 暗雲이 감돌다. ( )
23. 노사간에 協商이 잘되었다. ( )
24. 병원 주변에는 藥局이 많다. ( )
25. 연말을 맞이하여 백화점마다 謝恩 행사를 갖고 있다. ( )
26. 副次적인 일이 발생할 수 있으니 조심해야 한다. ( )
27. 血液의 역할은 여러 가지가 있다. ( )
28. 그 아이는 逆境을 견디고 훌륭히 자라다. ( )
29. 常綠수는 사철 푸르다. ( )
30. 담배 煙氣는 옆에 사람도 해롭다. ( )
31. 상사에 비해 末端 직원은 고달프다. ( )
32. 물건을 받으면 引受증을 써 준다. ( )
33. 더 細分을 해 본다면 열 가지로 분류도 가능하다 ( )
34. 음악이라는 藝術을 통해서 삶과 죽음을 노래했다 ( )

※위 21~34에서 유의자를 3개 골라 그 번호를 쓰시오.
35. (　　,　　,　　)

※다음 漢字의 訓과 音을 쓰시오.

36. 至(　　)
37. 許(　　)
38. 障(　　)
39. 壓(　　)
40. 湖(　　)
41. 難(　　)
42. 餘(　　)
43. 卓(　　)
44. 律(　　)
45. 竹(　　)
46. 園(　　)
47. 店(　　)
48. 佛(　　)
49. 元(　　)
50. 種(　　)
51. 級(　　)
52. 收(　　)
53. 準(　　)
54. 線(　　)
55. 作(　　)

※다음 밑줄 친 漢字語를 漢字로 쓰시오.

56. 예상문제가 적중 했다. ( )
57. 나는 내 소임에 충실하다. ( )
58. 남의 일에 참견하지 않는다. ( )
59. 다음 회의의 주제가 선정되다. ( )
60. 꾸중 듣는 이유를 잘 모르겠다. ( )
61. 모르는 한자는 자전을 이용하자. ( )
62. 젊었을 때 학문을 탐구해야 한다. ( )
63. 어디서 본 듯한 친근한 얼굴이다. ( )
64. 나는 매일 일기를 쓰면서 반성한다. ( )
65. 오늘 전국에 대규모의 행사가 열린다. ( )
66. 내 마음을 알아줄 때 행복지수가 높다. ( )
67. 내가 힘들 때 모정을 느낄 수가 있었다. ( )

자꾸 공부 하고픈 책 모의고사문제집   제10회

※다음 밑줄 친 漢字語를 漢字로 쓰시오.

68. 양서 (좋은 책)
   ·························· (   )

69. 실망 (희망을 잃음)
   ·························· (   )

70. 당연 (마땅히 그러함)
   ·························· (   )

71. 결사 (죽음을 각오함)
   ·························· (   )

72. 유행 (사회에 널리 퍼짐)
   ·························· (   )

73. 수석 (석차 따위에서 제 1위)
   ·························· (   )

74. 독립 (따로 갈라져 나와 홀로 섬)
   ·························· (   )

75. 장소 (어떤 일이 벌어지거나 하는 곳)
   ·························· (   )

76. 사설 (신문사에서 주장으로서 싣는 논설)
   ·························· (   )

77. 공통 (여럿 사이에 두루 통용되거나 관계됨)
   ·························· (   )

※다음 故事成語를 完成하시오.

78. 敬天 (   ) 人   79. 信賞 (   ) 罰

80. 以心 (   ) 心   81. 聞一 (   ) 十

82. 牛耳 (   ) 經

※다음 漢字의 部首를 쓰시오.

83. 醫 - (   )   84. 引 - (   )

85. 將 - (   )

※같은 뜻의 漢字를 써서 單語를 完成하시오.

86. 衣 - (   )   87. (   ) - 約

88. 正 - (   )

※반대되는 뜻의 漢字를 써서 單語를 完成하시오.

89. 強 - (   )   90. (   ) - 低

91. 苦 - (   )

※音은 같으나 뜻이 다른 漢字語를 쓰시오.

92. 四神 : (   ) 나라의 명을 받아 외국에
                        파견되던 신하.

93. 同化 : (   ) 아이들의 이야기.

94. 發展 : (   ) 전기를 일으킴.

※다음 漢字語의 뜻을 쓰시오.

95. 公布 : (   )

96. 總力 : (   )

97. 保留 : (   )

※다음 漢字의 略字를 쓰시오.

98. 觀 : (   )

99. 晝 : (   )

100. 畫 : (   )

70점 이상 합격 !
100

줄을 긋고
훈음을
적어 보세요.

力 勞 (   )
<불꽃>
힘이 불타오를때는 부지런히 일한다.

木 榮 (   )
나무에 불타오르듯이 꽃이 만발, 영화롭다.

合格

- 46 -

ns
전국한자능력검정시험 4급Ⅱ 답안지(1)

번호	답안란	채점	번호	답안란	채점	번호	답안란	채점	번호	답안란	채점
1			12			23			34		
2			13			24			35		
3			14			25			36		
4			15			26			37		
5			16			27			38		
6			17			28			39		
7			18			29			40		
8			19			30			41		
9			20			31			42		
10			21			32			43		
11			22			33			44		

※뒷면으로 이어짐

·········· 절 취 선 ··········

4Ⅱ< 약자테스트 > 정답 p51   성명 [   ]

價 - (   )   團 - (   )   實 - (   )   參 - (   )

關 - (   )   當 - (   )   惡 - (   )   氣 - (   )

觀 - (   )   獨 - (   )   傳 - (   )   學 - (   )

廣 - (   )   勞 - (   )   卒 - (   )   萬 - (   )

舊 - (   )   變 - (   )   質 - (   )   國 - (   )

4Ⅱ< 약자테스트 > 정답 p52　　　　　　　　　　　　　　성명 [　　　　　　　　　　　]

區 – (　　　)	號 – (　　　)	樂 – (　　　)	會 – (　　　)
禮 – (　　　)	畫 – (　　　)	發 – (　　　)	世 – (　　　)
醫 – (　　　)	對 – (　　　)	藥 – (　　　)	同 – (　　　)
定 – (　　　)	圖 – (　　　)	戰 – (　　　)	來 – (　　　)
晝 – (　　　)	讀 – (　　　)	體 – (　　　)	數 – (　　　)

·· 절 취 선 ··

전국한자능력검정시험　4급Ⅱ　답안지(2)

번호	답안란	채점	번호	답안란	채점	번호	답안란	채점	번호	답안란	채점
45			59			73			87		
46			60			74			88		
47			61			75			89		
48			62			76			90		
49			63			77			91		
50			64			78			92		
51			65			79			93		
52			66			80			94		
53			67			81			95		
54			68			82			96		
55			69			83			97		
56			70			84			98		
57			71			85			99		
58			72			86			100		

第11回 한자능력검정시험 4급Ⅱ

(시험시간 : 50분)

※다음 漢字語의 讀音을 쓰시오.

1. 十月(*)
2. 稅制( )
3. 報恩( )
4. 印紙( )
5. 硏究( )
6. 素望( )
7. 富戶( )
8. 引接( )
9. 餘念( )
10. 收益( )
11. 非理( )
12. 受精( )
13. 寫眞( )
14. 移職( )
15. 旅程( )
16. 新羅( )
17. 常備( )
18. 醫師( )
19. 逆說( )
20. 信義( )

21. 북한은 국제 원자력 기구의 <u>査察</u>을 거부했다. ( )
22. 나는 <u>樂器</u> 다루기를 좋아한다. ( )
23. 친구는 성격이 <u>圓滿</u>하다. ( )
24. 이번 주 경서의 <u>講讀</u>은 내가 맡았다 ( )
25. 밀렵꾼들이 <u>銃砲</u>를 밀수한 것으로 알려졌다. ( )
26. 재래의 풍습과 전통을 중히 여기어 유지하려는 <u>保守</u>주의. ( )
27. 옷매무새는 <u>端正</u>해야 한다. ( )
28. 주방에 씽크대를 <u>設置</u>했다. ( )
29. 천주교 <u>聖堂</u>은 종교의식이 행해지는 건물이다. ( )
30. <u>放送</u>은 공정해야 한다. ( )
31. <u>誤答</u>은 반드시 공부해야 내 것이 된다. ( )
32. 눈병이 나서 <u>眼帶</u>를 착용했다. ( )
33. 그의 성격은 <u>細密</u>하다. ( )
34. 국회의원은 <u>總選</u>을 통해서 뽑는다. ( )

※위 21~34에서 유의자를 3개 골라 그 번호를 쓰시오.
35. (, ,)

※다음 漢字의 訓과 音을 쓰시오.
36. 單( )
37. 式( )
38. 調( )
39. 燈( )
40. 督( )
41. 初( )
42. 則( )
43. 務( )
44. 番( )
45. 伐( )
46. 孫( )
47. 庭( )
48. 博( )
49. 寶( )
50. 唱( )
51. 府( )
52. 臣( )
53. 球( )
54. 背( )
55. 飛( )

※다음 밑줄 친 漢字語를 漢字로 쓰시오.
56. 나의 잘못을 <u>고백</u> 하다. ( )
57. 내가 좋아하는 <u>미술</u> 시간. ( )
58. 흙투성이인 차를 <u>세차</u> 했다. ( )
59. 우리나라의 <u>상품</u>이 인기이다. ( )
60. 학교에서 <u>금주</u>에 소풍을 간다. ( )
61. 과식을 하여 <u>소화</u>가 잘 안된다. ( )
62. 공장 근로자가 <u>과로</u>로 쓰러졌다. ( )
63. 선생님들은 <u>사명</u>감을 갖고 있다. ( )
64. 원심력은 멀리 나갈려는 <u>성질</u>이다. ( )
65. 고생하신 부모님을 <u>봉양</u>해야 한다. ( )
66. 총리를 일본에서는 <u>수상</u>이라고 한다. ( )
67. 한자를 익혀 동음이의어를 잘 <u>분별</u> 한다. ( )

자꾸 공부 하고픈 책 모의고사문제집 　　　　　　　　　　제11회

※다음 밑줄 친 漢字語를 漢字로 쓰시오.

68. 온정 (따뜻한 인정)
　………………… (　　　　)

69. 화합 (화목하게 어울림)
　………………… (　　　　)

70. 충당 (알맞게 채워서 메움)
　………………… (　　　　)

71. 실습 (실지로 해 보고 익힘)
　………………… (　　　　)

72. 은행 (예금한 곳을 출납하는 곳)
　………………… (　　　　)

73. 재산 (경제적 가치가 있는 총체)
　………………… (　　　　)

74. 역사 (인간 사회가 거쳐 온 변천의 모습)
　………………… (　　　　)

75. 명절 (전통적으로 해마다 지키어 즐기는 날)
　………………… (　　　　)

76. 유통 (생산자·상인·소비자 사이에 거래되는 일)
　………………… (　　　　)

77. 시효 (권리의 취득이나 소멸이 일어나게 되는 제도)
　………………… (　　　　)

※다음 故事成語를 完成 하시오.

78. 봄이 서니 크게 길함.
　………………… 立(　　　)大吉 이라 한다.

79. 오랜 세월을 두고 길이 변하지 않음.
　………………… 萬(　　　)不變 이라 한다.

80. 앞에는 허공이요 뒤에는 절벽.
　………………… 空(　　　)絶後 라 한다.

81. 좋은 약은 입에 씀.
　………………… 良(　　　)苦口 라 한다.

82. 죽음에서 일어나 다시 회생함.
　………………… 起(　　　)回生 이라 한다.

※다음 漢字의 部首를 쓰시오.

83. 葉(　　) 84. 五(　　) 85. 要(　　)

※같은 뜻의 漢字를 써서 單語를 完成하시오.

86. 責 - (　　　) 　87. 靑 - (　　　)

88. 處 - (　　　)

※반대되는 뜻의 漢字를 써서 單語를 完成하시오.

89. 曲 - (　　　) 　90. 發 - (　　　)

91. 敎 - (　　　)

※音은 같으나 뜻이 다른 漢字語를 쓰시오.

92. 訪花 : (　　　　) 불을 지름.

93. 角度 : (　　　　) 여러 지방의 도.

94. 經路 : (　　　　) 노인을 공경함.

※다음 漢字語의 뜻을 쓰시오.

95. 背景 : (　　　　　　)

96. 造作 : (　　　　　　)

97. 衆論 : (　　　　　　　　)

※다음 漢字의 略字를 쓰시오.

98. 參 : (　　　　)

99. 惡 : (　　　　)

100. 價 : (　　　　)

70점 이상 합격!
100

줄을 긋고 훈음을 적어 보세요.

禾　科 (　　　　)
벼(곡식)는 여러 종류(과목)가 있다.

斗
<말 두>
米　料 (　　　　)
쌀을 말로 헤아린다.

合格

- 50 -

전국한자능력검정시험 4급Ⅱ 답안지(1)

번호	답안란	채점	번호	답안란	채점	번호	답안란	채점	번호	답안란	채점
1			12			23			34		
2			13			24			35		
3			14			25			36		
4			15			26			37		
5			16			27			38		
6			17			28			39		
7			18			29			40		
8			19			30			41		
9			20			31			42		
10			21			32			43		
11			22			33			44		

※뒷면으로 이어짐

·········· 절 취 선 ··········

4Ⅱ< 正字테스트 > 정답 p47   성명 [   ]

価-(　)	団-(　)	実-(　)	参-(　)
関-(　)	当-(　)	悪-(　)	気-(　)
観-(　)	独-(　)	伝-(　)	学-(　)
広-(　)	労-(　)	卆-(　)	万-(　)
旧-(　)	変-(　)	質-(　)	国-(　)

4Ⅱ< 正字테스트 > 정답 p48　　　　　　　성명 [　　　　　　　　　　　　]

区-(　　　)	号-(　　　)	楽-(　　　)	会-(　　　)
礼-(　　　)	画-(　　　)	発-(　　　)	舌-(　　　)
医-(　　　)	対-(　　　)	薬-(　　　)	仝-(　　　)
宅-(　　　)	図-(　　　)	战-(　　　)	来-(　　　)
昼-(　　　)	読-(　　　)	体-(　　　)	数-(　　　)

·· 절　취　선 ··

전국한자능력검정시험　4급Ⅱ　답안지(2)

번호	답안란	채점	번호	답안란	채점	번호	답안란	채점	번호	답안란	채점
45			59			73			87		
46			60			74			88		
47			61			75			89		
48			62			76			90		
49			63			77			91		
50			64			78			92		
51			65			79			93		
52			66			80			94		
53			67			81			95		
54			68			82			96		
55			69			83			97		
56			70			84			98		
57			71			85			99		
58			72			86			100		

第12回 한자능력검정시험 4급Ⅱ

(시험시간 : 50분) 시험시작시간　時　分
　　　　　　　　　시험종료시간　時　分

※다음 漢字語의 讀音을 쓰시오.

1. 見齒(*) 2. 農協( )
3. 講壇( ) 4. 敗將( )
5. 孝誠( ) 6. 難破( )
7. 缺航( ) 8. 祝砲( )
9. 賢明( ) 10. 黨論( )
11. 檢査( ) 12. 職務( )
13. 虛勢( ) 14. 獨床( )
15. 警官( ) 16. 指向( )
17. 未安( ) 18. 對敵( )
19. 過誤( ) 20. 武藝( )

21. 성격이 좋아서 친구들과 交際를 잘한다.
　…………………………………( )
22. 책의 次例를 먼저 살핀다.
　…………………………………( )
23. 정보수집을 위하여 統計를 낸다.
　…………………………………( )
24. 흰색은 純潔의 의미다.
　…………………………………( )
25. 공장을 試驗 가동해 보았다.
　…………………………………( )
26. 어른들게 칭찬을 連續 들었다.
　…………………………………( )
27. 그 문제는 나의 權限이 없다.
　…………………………………( )
28. 예의바른 사람을 우리는 兩班이라 부른다.
　…………………………………( )
29. 역사이야기는 通達했다.
　…………………………………( )
30. 숙제를 안 한 아이들을 罰責하다.
　…………………………………( )
31. 전 세계가 禁煙 운동을 한다.
　…………………………………( )
32. 주파수가 맞지 않으면 電波가 흩어진다.
　…………………………………( )
33. 공정을 위하여 特惠가 있어서는 안 된다.
　…………………………………( )
34. 깎아지른 듯한 絶壁으로 둘러싸인 곳.
　…………………………………( )

※위 21~34에서 유의자를 3개 골라 그 번호를 쓰시오.

35. (　, 　, 　)

※다음 漢字의 訓과 音을 쓰시오.

36. 旗( ) 37. 漁( )
38. 郡( ) 39. 帶( )
40. 滿( ) 41. 陽( )
42. 急( ) 43. 束( )
44. 詩( ) 45. 常( )
46. 銀( ) 47. 宮( )
48. 談( ) 49. 演( )
50. 寺( ) 51. 器( )
52. 敬( ) 53. 肉( )
54. 決( ) 55. 印( )

※다음 밑줄 친 漢字語를 漢字로 쓰시오.

56. 나는 초록색을 좋아한다.
　…………………………………( )
57. 친구의 식언에 실망하다.
　…………………………………( )
58. 저 푸른 물결위에 여객선.
　…………………………………( )
59. 거제도를 육로로 다녀왔다.
　…………………………………( )
60. 너무 주관적인 생각은 피한다.
　…………………………………( )
61. 말을 할 때 요약해서 얘기하다.
　…………………………………( )
62. 청소년 시절을 잘 보내야 한다.
　…………………………………( )
63. 우리 동네는 약국이 여러개 있다.
　…………………………………( )
64. 아름다운 마음씨로 식물을 가꾼다.
　…………………………………( )
65. 일정한 목적을 위하여 창립된 재단.
　…………………………………( )
66. 우리집은 형제끼리 우애가 돈독하다.
　…………………………………( )
67. 활동적인 사람은 자기가 적극적으로 나선다.
　…………………………………( )

자꾸 공부 하고픈 책 모의고사문제집   제12회

※다음 밑줄 친 漢字語를 漢字로 쓰시오.

68. 만복 (많은 복)
    ………………………… (   )

69. 독서 (책을 읽음)
    ………………………… (   )

70. 행사 (일을 거행함)
    ………………………… (   )

71. 공덕 (공적과 덕행)
    ………………………… (   )

72. 국사 (나라의 역사)
    ………………………… (   )

73. 세월 (흘러가는 시간)
    ………………………… (   )

74. 필순 (글씨를 쓸 때 붓을 놀리는 차례)
    ………………………… (   )

75. 개시 (행동이나 일 따위를 처음 시작함)
    ………………………… (   )

76. 출석 (수업이나 회합·집회 따위에 나감)
    ………………………… (   )

77. 부분 (전체를 몇으로 나눈 것 중의 하나)
    ………………………… (   )

※다음 故事成語를 完成하시오.

78. (   )備無患   79. 一(   )二鳥

80. (   )熱治熱   81. 教(   )相長

82. (   )風落葉

※다음 漢字의 部首를 쓰시오.

83. 前 – (   )   84. 朝 – (   )

85. 畫 – (   )

※같은 뜻의 漢字를 써서 單語를 完成하시오.

86. 製 – (   )   87. 集 – (   )

88. 永 – (   )

※반대되는 뜻의 漢字를 써서 單語를 完成하시오.

89. 祖 – (   )   90. 問 – (   )

91. 勝 – (   )

※音은 같으나 뜻이 다른 漢字語를 쓰시오.

92. 工員 : (   ) 공중의 휴식을 위한 정원

93. 苦待 : (   ) 옛날 시대.

94. 高地 : (   ) 어떤 사실을 관계자에게 알림.

※다음 漢字語의 뜻을 쓰시오.

95. 施賞 : (   )

96. 稅法 : (   )

97. 監察 : (   )

※다음 漢字의 略字를 쓰시오.

98. 舊 : (   )

99. 兒 : (   )

100. 實 : (   )

70점 이상 합격!
100

줄을 긋고 훈과 음을 적어 보세요.

亻 + 俗 (   ) 사람들은 풍속을 지킨다.

谷 〈골짜기곡〉

氵 + 浴 (   ) 골짜기 물로 목욕하다.

宀 + 容 (   ) 집안일로 얼굴이 힘들어 보인다.

合格

5級 II ▷중간점검용◁

정답 94쪽

①	②	③	④
값 가 ( )	밝을 랑 ( )	씻을 세 ( )	전할 전 ( )
손 객 ( )	어질 량 ( )	해 세 ( )	펼 전 ( )
격식 격 ( )	나그네려 ( )	묶을 속 ( )	끊을 절 / 모두 체 ( )
볼 견 / 뵈올 현 ( )	지날 력 ( )	머리 수 ( )	마디 절 ( )
결단할결 ( )	익힐 련 ( )	잘 숙 / 별자리수 ( )	가게 점 ( )
맺을 결 ( )	일할 로 ( )	순할 순 ( )	뜻 정 ( )
공경 경 ( )	무리 류 ( )	알 식 / 기록할지 ( )	고를 조 ( )
고할 고 ( )	흐를 류 ( )	신하 신 ( )	마칠 졸 ( )
공부할과 ( )	뭍 륙 ( )	열매 실 ( )	씨 종 ( )
지날 과 ( )	바랄 망 ( )	아이 아 ( )	주일 주 ( )
관계할관 ( )	법 법 ( )	악할 악 / 미워할오 ( )	고을 주 ( )
볼 관 ( )	변할 변 ( )	맺을 약 ( )	알 지 ( )
넓을 광 ( )	병사 병 ( )	기를 양 ( )	바탕 질 ( )
갖출 구 ( )	복 복 ( )	요긴할요 ( )	붙을 착 ( )
예 구 ( )	받들 봉 ( )	벗 우 ( )	참여할참 / 석 삼 ( )
판 국 ( )	사기 사 ( )	비 우 ( )	꾸짖을책 ( )
몸 기 ( )	선비 사 ( )	구름 운 ( )	채울 충 ( )
터 기 ( )	섬길 사 ( )	으뜸 원 ( )	집 택 / 집 댁 ( )
생각 념 ( )	낳을 산 ( )	클 위 ( )	물건 품 ( )
능할 능 ( )	서로 상 ( )	써 이 ( )	반드시필 ( )
둥글 단 ( )	장사 상 ( )	맡길 임 ( )	붓 필 ( )
마땅 당 ( )	고울 선 ( )	재목 재 ( )	해할 해 ( )
큰 덕 ( )	신선 선 ( )	재물 재 ( )	될 화 ( )
이를 도 ( )	말씀 설 / 달랠 세 ( )	과녁 적 ( )	본받을효 ( )
홀로 독 ( )	성품 성 ( )	법 전 ( )	흥할 흥 ( )

성명 [   ]

6級	▷중간점검용◁	정답 94쪽	6級 Ⅱ

①	②	③	①
느낄 감 ( )	차례 번 ( )	동산 원 ( )	각각 각 ( )
강할 강 ( )	다를 별 ( )	멀 원 ( )	뿔 각 ( )
열 개 ( )	병 병 ( )	기름 유 ( )	셀 계 ( )
서울 경 ( )	옷 복 ( )	말미암을유 ( )	지경 계 ( )
쓸 고 ( )	근본 본 ( )	은 은 ( )	높을 고 ( )
예 고 ( )	죽을 사 ( )	옷 의 ( )	공 공 ( )
사귈 교 ( )	하여금사 ( )	의원 의 ( )	공평할공 ( )
구분할구 ( )	돌 석 ( )	놈 자 ( )	한가지공 ( )
고을 군 ( )	자리 석 ( )	글 장 ( )	과목 과 ( )
가까울근 ( )	빠를 속 ( )	있을 재 ( )	실과 과 ( )
뿌리 근 ( )	손자 손 ( )	정할 정 ( )	빛 광 ( )
등급 급 ( )	나무 수 ( )	아침 조 ( )	공 구 ( )
많을 다 ( )	익힐 습 ( )	겨레 족 ( )	이제 금 ( )
기다릴대 ( )	이길 승 ( )	낮 주 ( )	급할 급 ( )
법도 도 ( )	법 식 ( )	친할 친 ( )	짧을 단 ( )
머리 두 ( )	잃을 실 ( )	클 태 ( )	집 당 ( )
법식 례 ( )	사랑 애 ( )	통할 통 ( )	대신 대 ( )
예도 례 ( )	들 야 ( )	특별할특 ( )	대할 대 ( )
길 로 ( )	밤 야 ( )	합할 합 ( )	그림 도 ( )
푸를 록 ( )	볕 양 ( )	다닐 행 ( )	읽을 독 ( )
오얏 리 ( )	큰바다양 ( )	향할 향 ( )	아이 동 ( )
눈 목 ( )	말씀 언 ( )	이름 호 ( )	무리 등 ( )
쌀 미 ( )	길 영 ( )	그림 화 ( )	즐길 락 ( )
아름다울미 ( )	꽃부리영 ( )	누를 황 ( )	이할 리 ( )
성 박 ( )	따뜻할온 ( )	가르칠훈 ( )	다스릴리 ( )

- 56 -

6급, 6Ⅱ 중간점검용

第13回 한자능력검정시험 4급 II

(시험시간 : 50분)

시험시작시간　時　　分
시험종료시간　時　　分

※다음 漢字語의 讀音을 쓰시오.

1. 六月(*　　)
2. 野黨(　　)
3. 壁紙(　　)
4. 明確(　　)
5. 聖歌(　　)
6. 暗黑(　　)
7. 伐草(　　)
8. 退場(　　)
9. 富農(　　)
10. 毒種(　　)
11. 罰則(　　)
12. 議員(　　)
13. 常習(　　)
14. 談笑(　　)
15. 配置(　　)
16. 移植(　　)
17. 樹液(　　)
18. 期限(　　)
19. 背書(　　)
20. 綠陰(　　)

21. 防音이 미비하여 층간 다툼이 는다. (　　)
22. 관공서는 법률 規程을 준수해야 한다. (　　)
23. 자연을 보면 시를 쓰고 싶은 詩情이 우러난다. (　　)
24. 상호 두 회사가 協約해서 처리한다. (　　)
25. 공연장에는 5세 未滿은 입장이 어렵다. (　　)
26. 고성방가는 缺禮이다. (　　)
27. 대형사고는 그 餘波가 크다. (　　)
28. 創造적인 생각이라야 성공한다. (　　)
29. 글을 쓸 때는 文脈이 맞아야 한다. (　　)
30. 무슨 일이든 精誠을 다해야 한다. (　　)
31. 武器를 소지할 때는 신고해야 한다. (　　)
32. 공공유원지의 施設물을 아껴 쓰자. (　　)
33. 恩惠로움을 잊어서는 안 된다. (　　)
34. 효심이 至極하면 부모님의 마음이 편하다. (　　)

※위 21~34에서 유의자를 3개 골라 그 번호를 쓰시오.

35. (　　,　　,　　)

※다음 漢字의 訓과 音을 쓰시오.

36. 早(　　)
37. 職(　　)
38. 件(　　)
39. 由(　　)
40. 衆(　　)
41. 請(　　)
42. 旅(　　)
43. 除(　　)
44. 費(　　)
45. 信(　　)
46. 養(　　)
47. 豊(　　)
48. 提(　　)
49. 注(　　)
50. 求(　　)
51. 服(　　)
52. 陸(　　)
53. 電(　　)
54. 氷(　　)
55. 貨(　　)

※다음 밑줄 친 漢字語를 漢字로 쓰시오.

56. 오늘은 내가 당번이다. (　　)
57. 성격이 명랑해서 좋다. (　　)
58. 우주 만물의 조화로움. (　　)
59. 뭐든지 순리대로 풀어야 한다. (　　)
60. 6·25는 동족간의 싸움이었다. (　　)
61. 다시 동심의 세계로 돌아갔다. (　　)
62. 태권도로 대결을 붙기로 했다. (　　)
63. 간절히 빌면 소망이 이루어진다. (　　)
64. 양보의 미덕으로 질서를 지켰다. (　　)
65. 우승하리라 낙관적으로 생각한다. (　　)
66. 난관을 헤쳐 나갈 방안을 모색 중이다. (　　)
67. 생산을 목적으로 하는 산업이 발달했다. (　　)

※다음 밑줄 친 漢字語를 漢字로 쓰시오.

68. 필승 (반드시 이김)
   ……………………… (   )

69. 실효 (실제의 효력)
   ……………………… (   )

70. 공단 (공장의 집단지)
   ……………………… (   )

71. 독백 (혼자서 중얼거림)
   ……………………… (   )

72. 천연 (자연 그대로의 상태)
   ……………………… (   )

73. 이기 (자기자신을 이롭게 함)
   ……………………… (   )

74. 효도 (어버이를 잘 섬기는 도리)
   ……………………… (   )

75. 합숙 (여러 사람이 한곳에서 묵음)
   ……………………… (   )

76. 교재 (교수 및 학습에 쓰이는 재료)
   ……………………… (   )

77. 직각 (서로 수직인 두 직선이 이루는 각)
   ……………………… (   )

※다음 故事成語를 完成하시오.

78. 아홉 마리 소에 한 가닥의 털(아주 적은 분량)
   ………………… (   ) 牛一毛 라 한다.

79. 세상을 다스려 백성을 구제함.
   ………………… 經 (   ) 濟民 이라 한다.

80. 권력은 십년을 가지 아니한다(권세의 허무함)
   ………………… 權 (   ) 十年 이라 한다.

81. 많으면 많을수록 더욱 좋음.
   ………………… 多多益 (   ) 이라 한다.

82. 얻은 것과 잃은 것이 반.
   ………………… 得失相 (   ) 이라 한다.

※다음 漢字의 部首를 쓰시오.

83. 走 (   ) 84. 準 (   ) 85. 重 (   )

※같은 뜻의 漢字를 써서 單語를 完成하시오.

86. 知 - (   )   87. 急 - (   )

88. 報 - (   )

※반대되는 뜻의 漢字를 써서 單語를 完成하시오.

89. 去 - (   )   90. 功 - (   )

91. 師 - (   )

※音은 같으나 뜻이 다른 漢字語를 쓰시오.

92. 交情 : (   ) 틀린 글자를 바로잡음.

93. 口傳 : (   ) 예전의 법전.

94. 技士 : (   ) 기록된 사실.

※다음 漢字語의 뜻을 쓰시오.

95. 程度 : (   )

96. 議題 : (   )

97. 吸煙 : (   )

※다음 漢字의 略字를 쓰시오.

98. 讀 : (   )

99. 關 : (   )

100. 變 : (   )

70점 이상 합격!

／100

줄을 긋고 훈음을 적어보세요.

糸　統 (   ) 실짜는 기계는 실을 거느린다.

充 <채울충>　金　銃 (   ) 쇠로 만든 총.

氵　流 (   ) 물이 새어(l) 흐른다.

合格

- 58 -

전국한자능력검정시험 4급 II 답안지(1)

번호	답안란	채점	번호	답안란	채점	번호	답안란	채점	번호	답안란	채점
1			12			23			34		
2			13			24			35		
3			14			25			36		
4			15			26			37		
5			16			27			38		
6			17			28			39		
7			18			29			40		
8			19			30			41		
9			20			31			42		
10			21			32			43		
11			22			33			44		

※뒷면으로 이어짐

·· 절 취 선 ··

성명 [　　　　　　　　]

6급 ①	쓸 고 ( )	가까울 근 ( )	법도 도 ( )
느낄 감 ( )	예 고 ( )	뿌리 근 ( )	머리 두 ( )
강할 강 ( )	사귈 교 ( )	등급 급 ( )	법식 례 ( )
열 개 ( )	구분할 구 ( )	많을 다 ( )	예도 례 ( )
서울 경 ( )	고을 군 ( )	기다릴 대 ( )	길 로 ( )

6급 ②

아름다울미 ( )　　옷　복 ( )　　자리 석 ( )

푸를 록 ( )　　성　박 ( )　　근본 본 ( )　　빠를 속 ( )

오얏 리 ( )　　차례 번 ( )　　죽을 사 ( )　　손자 손 ( )

눈　목 ( )　　다를 별 ( )　　하여금사 ( )　　나무 수 ( )

쌀　미 ( )　　병　병 ( )　　돌　석 ( )　　익힐 습 ( )

·· 절 취 선 ································

전국한자능력검정시험　4급Ⅱ　답안지(2)

번호	답안란	채점	번호	답안란	채점	번호	답안란	채점	번호	답안란	채점
45			59			73			87		
46			60			74			88		
47			61			75			89		
48			62			76			90		
49			63			77			91		
50			64			78			92		
51			65			79			93		
52			66			80			94		
53			67			81			95		
54			68			82			96		
55			69			83			97		
56			70			84			98		
57			71			85			99		
58			72			86			100		

第14回 한자능력검정시험 4급 II

(시험시간 : 50분) 시험시작시간　時　分
시험종료시간　時　分

※다음 漢字語의 讀音을 쓰시오.

1. 答狀(＊　　)   2. 往復(　　)
3. 敵軍(　　)   4. 決斷(　　)
5. 到處(　　)   6. 地境(　　)
7. 前提(　　)   8. 警備(　　)
9. 擔當(　　)   10. 請求(　　)
11. 絶景(　　)   12. 創設(　　)
13. 南極(　　)   14. 素朴(　　)
15. 故鄕(　　)   16. 體統(　　)
17. 精讀(　　)   18. 園藝(　　)
19. 政治(　　)   20. 監察(　　)

21. 부모님 기일이 다가오니 祭器를 닦자.
　　　　　　　　　　　　　　(　　)
22. 불교를 알리기 위해 布敎 활동을 한다.
　　　　　　　　　　　　　　(　　)
23. 학생은 학업 진행 課程을 잘 알아야 한다.
　　　　　　　　　　　　　　(　　)
24. 농촌에서는 인구 增加 정책으로 지원이 있다.
　　　　　　　　　　　　　　(　　)
25. 동시 接續으로 인터넷이 불통이다.
　　　　　　　　　　　　　　(　　)
26. 아버지는 血壓이 높으시다.
　　　　　　　　　　　　　　(　　)
27. 해체되어 가는 가족 制度와 도시인의 고독.
　　　　　　　　　　　　　　(　　)
28. 反逆하는 사람은 지탄을 받는다.
　　　　　　　　　　　　　　(　　)
29. 자동차 競走를 보기 위해 인파가 몰렸다.
　　　　　　　　　　　　　　(　　)
30. 미국대통령이 訪韓을 했다.
　　　　　　　　　　　　　　(　　)
31. 우리 모두는 尊貴한 존재이다.
　　　　　　　　　　　　　　(　　)
32. 우체부께서 소포를 配達해 주셨다.
　　　　　　　　　　　　　　(　　)
33. 낯선 사람을 注視해 봐야한다.
　　　　　　　　　　　　　　(　　)
34. 하나님의 말씀 聖經은 한번쯤 읽어봐야 한다.
　　　　　　　　　　　　　　(　　)

※위 21～34에서 유의자를 3개 골라 그 번호를 쓰시오.

35. (　　,　　,　　)

※다음 漢字의 訓과 音을 쓰시오.

36. 票(　　)   37. 態(　　)
38. 責(　　)   39. 仕(　　)
40. 破(　　)   41. 忠(　　)
42. 浴(　　)   43. 基(　　)
44. 宿(　　)   45. 田(　　)
46. 築(　　)   47. 賣(　　)
48. 造(　　)   49. 硏(　　)
50. 助(　　)   51. 形(　　)
52. 政(　　)   53. 誠(　　)
54. 望(　　)   55. 最(　　)

※다음 밑줄 친 漢字語를 漢字로 쓰시오.

56. 나와는 의견이 달랐다.
　　　　　　　　　　　　　　(　　)
57. 터널공사가 착공되었다.
　　　　　　　　　　　　　　(　　)
58. 성공은 노력의 결실이다.
　　　　　　　　　　　　　　(　　)
59. 가게 종업원이 친절하다.
　　　　　　　　　　　　　　(　　)
60. 모르는 사항을 질문 하다.
　　　　　　　　　　　　　　(　　)
61. 열심히 일하여 신임을 받다.
　　　　　　　　　　　　　　(　　)
62. 이 게임은 나에게 유리하다.
　　　　　　　　　　　　　　(　　)
63. 축전지에 전기를 충전을 하다.
　　　　　　　　　　　　　　(　　)
64. 방황 끝에 원래의 위치로 돌아오다.
　　　　　　　　　　　　　　(　　)
65. 학교에서 예절 교육시간이 따로 있다.
　　　　　　　　　　　　　　(　　)
66. 나에게는 따뜻한 말 한마디가 필요하다.
　　　　　　　　　　　　　　(　　)
67. 글씨연습을 해도 악필을 면할 수가 없다.
　　　　　　　　　　　　　　(　　)

자꾸 공부 하고픈 책 모의고사문제집　　　　　　　　　　　제14회

※다음 밑줄 친 漢字語를 漢字로 쓰시오.

68. 구정 (음력 설)
　………………………… (　　　　　)

69. 성공 (뜻을 이룸)
　………………………… (　　　　　)

70. 세면 (얼굴을 씻음)
　………………………… (　　　　　)

71. 수림 (나무가 우거진 숲)
　………………………… (　　　　　)

72. 소이 (어떤 행위를 하게 된 까닭)
　………………………… (　　　　　)

73. 대국 (어떤 형편이나 국면을 당함)
　………………………… (　　　　　)

74. 병석 (병자가 앓아 누워 있는 자리)
　………………………… (　　　　　)

75. 법적 (법률에 따라 판단하거나 처리하는 것)
　………………………… (　　　　　)

76. 만세 (승리를 기뻐하는 뜻으로 외치는 소리)
　………………………… (　　　　　)

77. 단속 (주의를 기울여 단단히 다잡거나 보살핌)
　………………………… (　　　　　)

※다음 故事成語를 完成하시오.

78. (　　　　)人如己　　79. 益者三(　　　　)

80. (　　　　)行一致　　81. 燈下不(　　　　)

82. (　　　　)世打令

※다음 漢字의 部首를 쓰시오.

83. 眞 - (　　　　)　　84. 集 - (　　　　)

85. 天 - (　　　　)

※같은 뜻의 漢字를 써서 單語를 完成하시오.

86. (　　　　) - 化　　87. 練 - (　　　　)

88. (　　　　) - 失

※반대되는 뜻의 漢字를 써서 單語를 完成하시오.

89. (　　　　) - 婦　　90. 官 - (　　　　)

91. (　　　　) - 重

※音은 같으나 뜻이 다른 漢字語를 쓰시오.

92. 大臣 : (　　　　) 남의 일을 대행함.

93. 公認 : (　　　　) 공직에 있는 사람.

94. 假山 : (　　　　) 집안의 재산

※다음 漢字語의 뜻을 쓰시오.

95. 鳥類 : (　　　　　　　　　　　)

96. 引上 : (　　　　　　　　　　　)

97. 深夜 : (　　　　　　　　　　　)

※다음 漢字의 正字를 쓰시오.

98. 発 : (　　　　)

99. 楽 : (　　　　)

100. 伝 : (　　　　)

70점 이상 합격 !
100

줄을 긋고
훈음을
적어 보세요.

糸　綠 (　　　) 실은 푸른 식물에서 만들어졌다.
彔
<근본록>
金　錄 (　　　) 쇠에다 기록하고 새겼다.

合格

- 62 -

■ 사단법인 한국어문회·한자능력검정회 주관

수험번호 □□□-□□-□□□□
성명 □□□□□
주민등록번호 □□□□□□-□□□□□□□
※ 유성 싸인펜, 붉은색 필기구 사용 불가.

※답안지는 컴퓨터로 처리되므로 구기거나 더럽히지 마시고, 정답 칸 안에만 쓰십시오. 글씨가 채점란으로 들어오면 오답처리가 됩니다.

전국한자능력검정시험 4급Ⅱ 답안지(1)

번호	답안란	채점	번호	답안란	채점	번호	답안란	채점	번호	답안란	채점
1			12			23			34		
2			13			24			35		
3			14			25			36		
4			15			26			37		
5			16			27			38		
6			17			28			39		
7			18			29			40		
8			19			30			41		
9			20			31			42		
10			21			32			43		
11			22			33			44		

※ 뒷면으로 이어짐

·················· 절 취 선 ··················

성명 [   ]

6급 ③	들 야 ( )	길 영 ( )	기름 유 ( )
이길 승 ( )	밤 야 ( )	꽃부리영 ( )	말미암을유 ( )
법 식 ( )	볕 양 ( )	따뜻할온 ( )	은 은 ( )
잃을 실 ( )	큰바다양 ( )	동산 원 ( )	옷 의 ( )
사랑 애 ( )	말씀 언 ( )	멀 원 ( )	의원 의 ( )

성명 [   ]

6급 ④

	아침 조 ( )	통할 통 ( )	이름 호 ( )
놈 자 ( )	겨레 족 ( )	특별할특 ( )	그림 화 ( )
글 장 ( )	낮 주 ( )	합할 합 ( )	누를 황 ( )
있을 재 ( )	친할 친 ( )	다닐 행 ( )	가르칠훈 ( )
정할 정 ( )	클 태 ( )	향할 향 ( )	△

·············· 절 취 선 ··············

전국한자능력검정시험 4급Ⅱ 답안지(2)

번호	답안란	채점	번호	답안란	채점	번호	답안란	채점	번호	답안란	채점
45			59			73			87		
46			60			74			88		
47			61			75			89		
48			62			76			90		
49			63			77			91		
50			64			78			92		
51			65			79			93		
52			66			80			94		
53			67			81			95		
54			68			82			96		
55			69			83			97		
56			70			84			98		
57			71			85			99		
58			72			86			100		

第15回 한자능력검정시험 4급Ⅱ

(시험시간 : 50분) 시험시작시간 時 分
시험종료시간 時 分

※ 다음 漢字語의 讀音을 쓰시오.

1. 然則(*   )
2. 熱誠(   )
3. 保障(   )
4. 總員(   )
5. 擔任(   )
6. 藥指(   )
7. 佛敎(   )
8. 淸潔(   )
9. 對敵(   )
10. 藝能(   )
11. 山寺(   )
12. 印度(   )
13. 放置(   )
14. 至極(   )
15. 歲次(   )
16. 應答(   )
17. 孝婦(   )
18. 衆論(   )
19. 守節(   )
20. 講師(   )

21. 부모는 늘 자식의 身邊을 걱정하신다. ( )
22. 항상 感謝하는 생활을 하자. ( )
23. 風俗을 어지럽히는 행위는 단속대상이다. ( )
24. 街路에는 차도와 보도로 구분되어 있다. ( )
25. 여름철에는 食器를 청결히 소독해야 한다. ( )
26. 우리나라 傳統을 이어가야지. ( )
27. 肉體와 정신이 모두 건강해야 바람직하다. ( )
28. 납품 대금을 決濟 받아야 된다. ( )
29. 부모는 자녀를 잘 養育해야 할 의무가 있다. ( )
30. 뾰족하고 위험한 것은 除去합시다. ( )
31. 전쟁 때는 砲煙이 하늘을 뒤덮었다. ( )
32. 政權 잡은 사람이 정치를 잘해야 한다. ( )
33. 오늘은 시험접수 申請하는 날이다. ( )
34. 너를 밀친 건 故意가 아니었다. ( )

※ 위 21~34에서 유의자를 3개 골라 그 번호를 쓰시오.

35. (,   ,   )

※ 다음 漢字의 訓과 音을 쓰시오.

36. 例(   )
37. 堂(   )
38. 友(   )
39. 己(   )
40. 代(   )
41. 飮(   )
42. 鼻(   )
43. 健(   )
44. 接(   )
45. 個(   )
46. 益(   )
47. 送(   )
48. 深(   )
49. 受(   )
50. 息(   )
51. 增(   )
52. 房(   )
53. 志(   )
54. 達(   )
55. 治(   )

※ 다음 밑줄 친 漢字語를 漢字로 쓰시오.

56. 선교사는 복음을 전파한다. ( )
57. 대통령은 국가의 원수이다. ( )
58. 물건의 가격이 많이 올랐다. ( )
59. 진통 끝에 아기를 순산하였다. ( )
60. 지하철에 경로석이 따로 있다. ( )
61. 자네 덕분에 잘 지내고 있다네. ( )
62. 남극에 우리의 탐사 기지가 있다. ( )
63. 글을 사용함으로써 문명도 발달했다. ( )
64. 오늘 연극은 관객들의 호응이 좋았다. ( )
65. 내용을 잘 나타내는 제목이 중요하다. ( )
66. 내가 만든 작품이라 더욱 애착이 간다. ( )
67. 좋은 것은 서양문물도 받아 들여야 한다. ( )

※다음 밑줄 친 漢字語를 漢字로 쓰시오.

68. 운명 (타고난 운수)
.... ( )

69. 휴학 (배움을 잠깐 쉼)
.... ( )

70. 품성 (사람 된 바탕과 성질)
.... ( )

71. 서점 (책을 팔거나 사는 가게)
.... ( )

72. 후손 (여러 대가 지난 뒤의 자손)
.... ( )

73. 조리 (몸을 보살피고 병을 다스림)
.... ( )

74. 참석 (어떤 자리나 모임에 참석함)
.... ( )

75. 훈련 (무예나 기술 등을 배워 익힘)
.... ( )

76. 공약 (사회 공중에 대한 약속을 함)
.... ( )

77. 야망 (크게 무엇을 이루어 보겠다는 희망)
.... ( )

※다음 故事成語를 完成하시오.

78. 콩 심으면 콩 얻는다(뿌린 대로 거둠)
.... ( )豆得豆 라 한다.

79. 북쪽의 일곱 개 별.
.... ( )斗七星 이라 한다.

80. 사실에 근거하여 학문(진리. 진상)을 연구하는 일
.... ( )事求是 라 한다.

81. 자기가 저지른 일은 자기가 받음.
.... 自( )自得 이라 한다.

82. 사람과 등불이 가히 친하다(독서의 계절)
.... 燈( )可親 이라 한다.

※다음 漢字의 部首를 쓰시오.

83. 齒( ) 84. 解( ) 85. 香( )

※같은 뜻의 漢字를 써서 單語를 完成하시오.

86. ( )-果 87. ( )-備

88. ( )-虛

※반대되는 뜻의 漢字를 써서 單語를 完成하시오.

89. 本 -( ) 90. 善 -( )

91. 新 -( )

※音은 같으나 뜻이 다른 漢字語를 쓰시오.

92. 引導:( ) 사람이 다니는 길.

93. 同鄕:( ) 동쪽 방향.

94. 社旗:( ) 역사적 사실을 적은 책.

※다음 漢字語의 뜻을 쓰시오.

95. 逆流 :( )

96. 細心:( )

97. 暴利 :( )

※다음 漢字의 正字를 쓰시오.

98. 来 :( )

99. 気 :( )

100. 学 :( )

70점 이상 합격!
100

줄을 긋고 훈음을 적어 보세요.

力 動( ) 무거운 것도 힘을 들여 움직인다.

重 <무거울중>

禾 種( ) 물에 띄워 무거운 볍씨만 씨앗으로 쓴다.

合格

6級 II ▷중간점검용◁		7級 ▷중간점검용◁	
②	③	①	②
밝을 명 ( )	날랠 용 ( )	노래 가 ( )	말씀 어 ( )
들을 문 ( )	쓸 용 ( )	입 구 ( )	그럴 연 ( )
나눌 반 ( )	옮길 운 ( )	기 기 ( )	있을 유 ( )
돌아올반 ( )	마실 음 ( )	겨울 동 ( )	기를 육 ( )
반 반 ( )	소리 음 ( )	골 동 ( )	고을 읍 ( )
필 발 ( )	뜻 의 ( )	한가지동 ( )	들 입 ( )
놓을 방 ( )	어제 작 ( )	오를 등 ( )	글자 자 ( )
떼 부 ( )	지을 작 ( )	올 래 ( )	할아비조 ( )
나눌 분 ( )	재주 재 ( )	늙을 로 ( )	살 주 ( )
모일 사 ( )	싸울 전 ( )	마을 리 ( )	주인 주 ( )
글 서 ( )	뜰 정 ( )	수풀 림 ( )	무거울중 ( )
줄 선 ( )	제목 제 ( )	낯 면 ( )	땅 지 ( )
눈 설 ( )	차례 제 ( )	목숨 명 ( )	종이 지 ( )
살필 성 ( )	부을 주 ( )	글월 문 ( )	내 천 ( )
이룰 성 ( )	모을 집 ( )	물을 문 ( )	일천 천 ( )
사라질소 ( )	창 창 ( )	일백 백 ( )	하늘 천 ( )
재주 술 ( )	맑을 청 ( )	지아비부 ( )	풀 초 ( )
비로소시 ( )	몸 체 ( )	셈 산 ( )	마을 촌 ( )
귀신 신 ( )	겉 표 ( )	빛 색 ( )	가을 추 ( )
몸 신 ( )	바람 풍 ( )	저녁 석 ( )	봄 춘 ( )
믿을 신 ( )	다행 행 ( )	바 소 ( )	날 출 ( )
새 신 ( )	나타날현 ( )	적을 소 ( )	편할 편 ( )
약 약 ( )	모양 형 ( )	셈 수 ( )	여름 하 ( )
약할 약 ( )	화할 화 ( )	심을 식 ( )	꽃 화 ( )
업 업 ( )	모일 회 ( )	마음 심 ( )	쉴 휴 ( )

성명 [   ]

7級Ⅱ　▷중간점검용◁

①	②
집　가 (　　)	손　수 (　　)
사이 간 (　　)	때　시 (　　)
강　강 (　　)	저자 시 (　　)
수레 거 (　　)	먹을 식 (　　)
빌　공 (　　)	편안 안 (　　)
장인 공 (　　)	낮　오 (　　)
기록할기 (　　)	오른 우 (　　)
기운 기 (　　)	스스로자 (　　)
사내 남 (　　)	아들 자 (　　)
안　내 (　　)	마당 장 (　　)
농사 농 (　　)	번개 전 (　　)
대답 답 (　　)	앞　전 (　　)
길　도 (　　)	온전 전 (　　)
움직일동 (　　)	바를 정 (　　)
힘　력 (　　)	발　족 (　　)
설　립 (　　)	왼　좌 (　　)
매양 매 (　　)	곧을 직 (　　)
이름 명 (　　)	평평할평 (　　)
물건 물 (　　)	아래 하 (　　)
모　방 (　　)	한수 한 (　　)
아닐 불 (　　)	바다 해 (　　)
일　사 (　　)	말씀 화 (　　)
위　상 (　　)	살　활 (　　)
성　성 (　　)	효도 효 (　　)
인간 세 (　　)	뒤　후 (　　)

8級　▷중간점검용◁

①	②
가르칠교 (　　)	먼저 선 (　　)
학교 교 (　　)	작을 소 (　　)
아홉 구 (　　)	물　수 (　　)
나라 국 (　　)	집　실 (　　)
군사 군 (　　)	열　십 (　　)
쇠　금 (　　)	다섯 오 (　　)
남녘 남 (　　)	임금 왕 (　　)
계집 녀 (　　)	바깥 외 (　　)
해　년 (　　)	달　월 (　　)
큰　대 (　　)	두　이 (　　)
동녘 동 (　　)	사람 인 (　　)
여섯 륙 (　　)	날　일 (　　)
일만 만 (　　)	한　일 (　　)
어미 모 (　　)	긴　장 (　　)
나무 목 (　　)	아우 제 (　　)
문　문 (　　)	가운데중 (　　)
백성 민 (　　)	푸를 청 (　　)
흰　백 (　　)	마디 촌 (　　)
아비 부 (　　)	일곱 칠 (　　)
북녘 북 (　　)	흙　토 (　　)
넉　사 (　　)	여덟 팔 (　　)
메　산 (　　)	배울 학 (　　)
석　삼 (　　)	나라 한 (　　)
날　생 (　　)	형　형 (　　)
서녘 서 (　　)	불　화 (　　)

7Ⅱ,8급 중간점검용

기출예상문제[가] 漢字能力檢定試驗 4級 II 問題紙

(社)韓國語文會·韓國漢字能力檢定會 (시험시간 : 50분) 수험생에 의하여 재편집되었습니다.

※ 다음 漢字語의 讀音을 쓰시오.

1. 政爭(　　　)　2. 除去(　　　)
3. 職場(　　　)　4. 樹液(　　　)
5. 報恩(　　　)　6. 稅關(　　　)
7. 假面(　　　)　8. 旅客(　　　)
9. 歲拜(　　　)　10. 施設(　　　)
11. 誤解(　　　)　12. 害蟲(　　　)
13. 造船(　　　)　14. 停會(　　　)
15. 雄飛(　　　)　16. 障壁(　　　)
17. 移動(　　　)　18. 操作(　　　)
19. 測量(　　　)　20. 待接(　　　)
21. 敵軍(　　　)　22. 確信(　　　)
23. 病患(　　　)　24. 保護(　　　)
25. 勞苦(　　　)　26. 伐木(　　　)
27. 傳達(　　　)　28. 潔白(　　　)
29. 多福(　　　)　30. 團結(　　　)
31. 準備(　　　)　32. 權勢(　　　)
33. 夫婦(　　　)　34. 罰則(　　　)
35. 議員(　　　)

※ 다음 漢字의 訓과 音을 쓰시오.

36. 禁(　　　)　37. 起(　　　)
38. 絶(　　　)　39. 尊(　　　)
40. 破(　　　)　41. 航(　　　)
42. 鄕(　　　)　43. 細(　　　)
44. 殺(　　　)　45. 講(　　　)
46. 缺(　　　)　47. 怒(　　　)
48. 榮(　　　)　49. 督(　　　)
50. 律(　　　)　51. 滿(　　　)
52. 貨(　　　)　53. 吸(　　　)
54. 察(　　　)　55. 視(　　　)
56. 訪(　　　)　57. 副(　　　)

※ 다음 밑줄 친 漢字語를 漢字로 쓰시오.

58. 기차가 10시에 도착하였다.
　　　　　　　　　　(　　　　　　)

59. 은행에 가서 돈 좀 찾아오너라.
　　　　　　　　　　(　　　　　　)

60. 문방구에서 필기 도구를 샀다.
　　　　　　　　　　(　　　　　　)

61. 정원이 있는 집으로 이사를 간다.
　　　　　　　　　　(　　　　　　)

62. 영이는 매우 명랑한 성격을 지녔다.
　　　　　　　　　　(　　　　　　)

63. 순희는 친구에게 전화를 자주 건다.
　　　　　　　　　　(　　　　　　)

64. 물건을 팔 때에는 계산을 정확히 해야 한다.
　　　　　　　　　　(　　　　　　)

65. 그는 성실하게 노력하여 재산을 꽤 모았다.
　　　　　　　　　　(　　　　　　)

66. 풍년이 들어서 농산물 가격이 많이 내려갔다.
　　　　　　　　　　(　　　　　　)

67. 부산에 가려면 특급 열차를 타는 것이 좋다.
　　　　　　　　　　(　　　　　　)

기출예상문제 [가]

※다음 漢字語를 漢字로 쓰시오.

68. 자손 (후손)
   ………………………… (   )

69. 아동 (어린 아이)
   ………………………… (   )

70. 승리 (겨루어서 이김)
   ………………………… (   )

71. 양복 (서양식의 의복)
   ………………………… (   )

72. 약초 (약으로 쓰는 풀)
   ………………………… (   )

73. 농업 (농사를 짓는 직업)
   ………………………… (   )

74. 친족 (촌수가 가까운 일가)
   ………………………… (   )

75. 미술 (미를 표현하는 예술)
   ………………………… (   )

76. 생선 (물에서 잡아낸 물고기)
   ………………………… (   )

77. 석유 (땅속에서 천연으로 나는 탄화수소를 주성분
   으로 하는 가연성 기름) (   )

※다음의 故事成語를 完成하시오.

78. (   ) 天愛人   79. 萬古不(   )

80. 秋(   ) 落葉   81. 百年河(   )

82. 安貧(   ) 道

※反對·相對되는 漢字로 單語를 完成하시오.

83. 長 - (   )   84. (   ) - 夕

85. 新 - (   )

※같은 뜻의 漢字를 넣어 單語를 完成하시오.

86. (   ) - 育   87. (   ) - 謠

88. (   ) - 暖

※다음 漢字語를 漢字로 쓰시오.

89. 果實 - (   )失 : 잘못이나 허물.

90. 思考 - 社(   ) : 회사에서 내는 광고.

91. 小食 - (   )息 : 안부나 어떤 형세
                         따위를 알리거나 통지함.

※다음 漢字의 部首를 쓰시오.

92. 戰 (   )   93. 教 (   )

94. 讀 (   )

※다음 漢字의 略字를 쓰시오.

95. 同 (   )   96. 長 (   )

97. 世 (   )

※다음 漢字語의 뜻을 쓰시오.

98. 工期 : (   )

99. 放置 : (   )

100. 路邊 : (   )

검토하고 제출하십시오. 70點 以上 合格

[點]

기출예상문제[나] 漢字能力檢定試驗 4級Ⅱ 問題紙

(社)韓國語文會·韓國漢字能力檢定會　　(시험시간 : 50분)　　수험생에 의하여 재편집되었습니다.

※다음 漢字語의 讀音을 쓰시오.

1. 起草(　　)　2. 視察(　　)
3. 熱帶(　　)　4. 對應(　　)
5. 統治(　　)　6. 認識(　　)
7. 住宅(　　)　8. 物價(　　)
9. 求職(　　)　10. 擧手(　　)
11. 幸運(　　)　12. 監督(　　)
13. 測量(　　)　14. 到達(　　)
15. 急報(　　)　16. 低速(　　)
17. 場所(　　)　18. 禁書(　　)
19. 節約(　　)　20. 材料(　　)
21. 競爭(　　)　22. 患者(　　)
23. 精進(　　)　24. 勝利(　　)
25. 潔白(　　)　26. 創作(　　)
27. 藥局(　　)　28. 多選(　　)
29. 事業(　　)　30. 怒氣(　　)
31. 暖流(　　)　32. 鐵路(　　)
33. 講演(　　)　34. 興味(　　)
35. 充滿(　　)

※다음 漢字의 訓과 音을 쓰시오.

36. 賣(　　)　37. 設(　　)
38. 退(　　)　39. 密(　　)
40. 脈(　　)　41. 街(　　)
42. 榮(　　)　43. 虛(　　)
44. 受(　　)　45. 葉(　　)
46. 權(　　)　47. 邊(　　)
48. 背(　　)　49. 領(　　)
50. 念(　　)　51. 聲(　　)
52. 餘(　　)　53. 費(　　)
54. 歲(　　)　55. 留(　　)
56. 黨(　　)　57. 訪(　　)

※다음 밑줄 친 漢字語를 漢字로 쓰시오.

58. 필요는 발명의 어머니.
　　　　　　　　(　　　　　)

59. 효도는 인간의 근본이다.
　　　　　　　　(　　　　　)

60. 그는 국가고시 시험을 통과했다.
　　　　　　　　(　　　　　)

61. 우리 아버지는 원양 어선을 타신다.
　　　　　　　　(　　　　　)

62. 나는 격식을 차려 손님을 대접했다.
　　　　　　　　(　　　　　)

63. 영이는 가끔 독특한 생각을 제시한다.
　　　　　　　　(　　　　　)

64. 경기에서 이긴 선수들의 표정은 밝았다.
　　　　　　　　(　　　　　)

65. 언어생활에서 화법이 중요시되고 있다.
　　　　　　　　(　　　　　)

66. 모든 인간은 평등한 권리를 가지고 있다.
　　　　　　　　(　　　　　)

67. 자기의 행동에 대하여 책임을 져야 한다.
　　　　　　　　(　　　　　)

기출예상문저 [나]

※다음 밑줄 친 漢字語를 漢字로 쓰시오.

68. 의복 (옷)
   ……………………… (   )

69. 광대 (넓고 큼)
   ……………………… (   )

70. 청수 (맑은 물)
   ……………………… (   )

71. 견문 (보고 들음)
   ……………………… (   )

72. 후손 (후대의 자손)
   ……………………… (   )

73. 숙식 (잠자고 먹음)
   ……………………… (   )

74. 동향 (움직이는 방향)
   ……………………… (   )

75. 민도 (국민 수준의 정도)
   ……………………… (   )

76. 화실 (화가가 작업하는 방)
   ……………………… (   )

77. 전설 (옛날부터 전하여 오는 이야기)
   ……………………… (   )

※다음 漢字의 類義字를 써서 單語를 完成하시오.

78. 兒 - (   )   79. (   ) - 園

80. 生 - (   )

※다음 漢字의 反對字를 써서 單語를 完成하시오.

81. 去 - (   )   82. (   ) - 夜

83. 內 - (   )

※故事成語를 完成하시오.

84. (   ) 學相長   85. 電光 (   ) 火

86. (   ) 湖煙波   87. 竹馬故 (   )

88. 衆 (   ) 難防

※音은 같으나 뜻이 다른 漢字語를 쓰시오.

89. 引導 - (   ) : 사람이 다니는 길.

90. 官展 - (   ) : 싸우는 광경을 직접 살펴봄.

91. 重稅 - (   ) : 고대에서 근대에
                      이르는 중간의 시대.

※다음 한자어의 뜻을 쓰시오.

92. 短期 : (   )

93. 京鄕 : (   )

94. 呼名 : (   )

※다음 漢字의 部首를 쓰시오.

95. 實 (   ) 96. 解 (   ) 97. 志 (   )

※다음 漢字의 略字를 쓰시오.

98. 參 (   ) 99. 萬 (   ) 100. 圖 (   )

검토하고 제출하십시오. 70點 以上 合格

[點]

기출예상문제[다] 漢字能力檢定試驗 4級 Ⅱ 問題紙

(社)韓國語文會·韓國漢字能力檢定會　　（시험시간 : 50분）　　수험생에 의하여 재편집되었습니다.

※ 다음 漢字語의 讀音을 쓰시오.

1. 精誠(　　) 　2. 費用(　　)
3. 確保(　　) 　4. 航海(　　)
5. 林野(　　) 　6. 職業(　　)
7. 希望(　　) 　8. 客席(　　)
9. 知的(　　) 　10. 講壇(　　)
11. 明快(　　) 　12. 施設(　　)
13. 尊敬(　　) 　14. 滿開(　　)
15. 名唱(　　) 　16. 警察(　　)
17. 任員(　　) 　18. 祝砲(　　)
19. 築城(　　) 　20. 限界(　　)
21. 親舊(　　) 　22. 支佛(　　)
23. 山寺(　　) 　24. 富貴(　　)
25. 恩惠(　　) 　26. 銃器(　　)
27. 溫暖(　　) 　28. 取消(　　)
29. 雲雨(　　) 　30. 破産(　　)
31. 態度(　　) 　32. 競走(　　)
33. 記錄(　　) 　34. 調練(　　)
35. 得失(　　)

※ 다음 漢字의 訓과 音을 쓰시오.

36. 假(　　) 　37. 息(　　)
38. 務(　　) 　39. 救(　　)
40. 寶(　　) 　41. 修(　　)
42. 治(　　) 　43. 進(　　)
44. 藝(　　) 　45. 博(　　)
46. 退(　　) 　47. 軍(　　)
48. 暗(　　) 　49. 師(　　)
50. 絶(　　) 　51. 早(　　)
52. 難(　　) 　53. 導(　　)
54. 燈(　　) 　55. 呼(　　)
56. 宗(　　) 　57. 容(　　)

※ 다음 밑줄 친 漢字語를 漢字로 쓰시오.

58. 이 동네에는 약국이 없다.
　　　　　　　　　　　(　　　　　)
59. 환영 인파가 광장을 메웠다.
　　　　　　　　　　　(　　　　　)
60. 이 나무의 특질은 무엇이냐?
　　　　　　　　　　　(　　　　　)
61. 소문을 너무 믿으면 안 된다.
　　　　　　　　　　　(　　　　　)
62. 그는 국경을 무사히 통과하였다.
　　　　　　　　　　　(　　　　　)
63. 그는 굳은 신념을 지닌 사람이다.
　　　　　　　　　　　(　　　　　)
64. 수업시간 중에 체육 시간이 가장 즐겁다.
　　　　　　　　　　　(　　　　　)
65. 이성계가 세운 나라를 조선이라고 하였다.
　　　　　　　　　　　(　　　　　)
66. 사람은 자신이 한 약속을 꼭 지켜야 한다.
　　　　　　　　　　　(　　　　　)
67. 문장의 난해성은 글의 품격을 떨어뜨린다.
　　　　　　　　　　　(　　　　　)
68. 나는 내 고향에서 자연과 더불어 살아간다.
　　　　　　　　　　　(　　　　　)
69. 병실에는 문병 온 사람들로 북적대고 있었다.
　　　　　　　　　　　(　　　　　)
70. 그 사람은 직선적 성격으로 친구가 많지 않다.
　　　　　　　　　　　(　　　　　)

기출예상문제 [다]

71. 장터거리 상점들도 거의가 문을 닫은 상태였다.
………………………… (   )

72. 이 박물관은 휴일에만 일반 시민에게 개방된다.
………………………… (   )

73. 그는 관광버스를 타고 봄과 가을에 관광을 다닌다.
………………………… (   )

74. 어머니께서는 주야로 아버지가 회복되기만을
바라셨다.
………………………… (   )

75. 저 바위는 풍화 작용에 의해 특별한 모양을 갖게
되었다.
………………………… (   )

76. 전쟁통에 궁색한 가교사에서 교과서도 없이 수업이
이루어졌다.
………………………… (   )

77. 같은 장면을 보아도 보는 사람에 따라 느끼는
감정이 다를 수 있다.
………………………… (   )

※다음 (   )안에 알맞은 한자를 넣어 완성하시오.

78. (   ) 肉強食
: 약한 자가 강한 자에게 먹힘.

79. 論 (   ) 行賞
: 공이 많고 적음을 의논하여 상을 줌.

80. 以心 (   ) 心
: 말이나 글에 의지하지 않고 마음에서 마음으로
전함.

81. 公衆道 (   )
: 여럿이 모여 생활하는데 지켜야 하는 도리나
규범.

82. 有口無 (   )
: 변명할 말이 없음.

※다음 漢字의 部首를 쓰시오.

83. 煙 - (   )   84. 等 - (   )

85. 制 - (   )

※다음 漢字의 類義字를 써서 單語를 完成하시오.

86. 衣 - (   )   87. (   ) - 算

88. 眼 - (   )

※다음 漢字의 反對字를 써서 單語를 完成하시오.

89. 苦 - (   )   90. 善 - (   )

91. 老 - (   )

※다음 漢字語와 讀音은 같으나 뜻이 다른 漢字語가
되도록 (   )안에 漢字를 쓰시오.

92. 新古 - 申 (   )
: 일정한 사실을 진술하거나 보고하는 일.

93. 四神 - 使 (   )
: 임금이나 국가의 명령으로 외국에 심부름 가는 신하.

94. 固守 - (   ) 手
: 수가 높음. 또는 수가 높은 사람.

※다음 漢字語의 뜻을 쓰시오.

95. 油田 : (   )

96. 手製 : (   )

97. 協同 : (   )

※다음 漢字의 略字를 쓰시오.

98. 參 - (   )   99. 晝 - (   )

100. 價 - (   )

검토하고 제출하십시오. 70點 以上 合格

[點   ]

- 74 -

기출예상문제[라] 漢字能力檢定試驗 4級 II 問題紙

(社)韓國語文會·韓國漢字能力檢定會　　(시험시간 : 50분)　　수험생에 의하여 재편집되었습니다.

※ 다음 漢字語의 讀音을 쓰시오.

1. 歌曲 (　　)　　2. 健康 (　　)
3. 念頭 (　　)　　4. 農事 (　　)
5. 多福 (　　)　　6. 論理 (　　)
7. 建設 (　　)　　8. 夫婦 (　　)
9. 罰則 (　　)　　10. 英才 (　　)
11. 最初 (　　)　　12. 談話 (　　)
13. 登錄 (　　)　　14. 魚族 (　　)
15. 硏究 (　　)　　16. 滿員 (　　)
17. 增加 (　　)　　18. 商品 (　　)
19. 命令 (　　)　　20. 落選 (　　)
21. 物件 (　　)　　22. 法律 (　　)
23. 船主 (　　)　　24. 寫眞 (　　)
25. 個人 (　　)　　26. 夜景 (　　)
27. 雪原 (　　)　　28. 弱者 (　　)
29. 注入 (　　)　　30. 再修 (　　)
31. 競技 (　　)　　32. 單式 (　　)
33. 高聲 (　　)　　34. 放牧 (　　)
35. 防水 (　　)

※ 다음 漢字의 訓과 音을 쓰시오.

36. 減 (　　)　　37. 佛 (　　)
38. 眼 (　　)　　39. 帶 (　　)
40. 流 (　　)　　41. 席 (　　)
42. 走 (　　)　　43. 昨 (　　)
44. 港 (　　)　　45. 雄 (　　)
46. 未 (　　)　　47. 波 (　　)
48. 造 (　　)　　49. 買 (　　)
50. 斷 (　　)　　51. 養 (　　)
52. 冷 (　　)　　53. 獨 (　　)
54. 固 (　　)　　55. 官 (　　)
56. 飛 (　　)　　57. 島 (　　)

※ 다음 밑줄 친 漢字語를 漢字로 쓰시오.

58. 회의는 매주 월요일에 있다.
　　……………………… (　　　　)

59. 건물 객실에는 손님들로 가득 찼다.
　　……………………… (　　　　)

60. 철수는 지상 낙원에서 살기를 꿈꿨다.
　　……………………… (　　　　)

61. 사람이 살고 있는 집마다 번지가 있다.
　　……………………… (　　　　)

62. 운전자는 차선을 잘 지켜 운전해야 한다.
　　……………………… (　　　　)

63. 한국인은 요즈음 외국 여행을 많이 한다.
　　……………………… (　　　　)

64. 김 영감은 손자들을 돌보며 소일하고 있다.
　　……………………… (　　　　)

65. 산업 혁명은 18세기에 영국에서 먼저 일어났다.
　　……………………… (　　　　)

66. 사람들은 이해관계에 따라 만나고 헤어지는 경향이 있다. ……… (　　　　)

67. 사람들이 열심히 일하는 목적은 좀 더 나은 내일을 위해서이다. … (　　　　)

기출예상문제 [라]

※다음 ( )에 제시된 뜻을 참고하여 漢字語를 쓰시오.

68. 태양 (해)
………………………… (   )

69. 해양 (큰 바다)
………………………… (   )

70. 하복 (여름 옷)
………………………… (   )

71. 세족 (발을 씻음)
………………………… (   )

72. 아동 (어린 아이)
………………………… (   )

73. 별종 (다른 종자)
………………………… (   )

74. 식수 (나무를 심음)
………………………… (   )

75. 주택 (사람이 사는 집)
………………………… (   )

76. 충실 (내용이 알차고 단단함)
………………………… (   )

77. 설명 (내용을 알 수 있도록 자세히 밝힘)
………………………… (   )

※다음 ( )안에 알맞은 한자를 넣어 완성하시오.

78. (   )藥苦口
: 좋은 약은 입에 씀.

79. 燈火可(   )
: 독서하기 좋은 계절.

80. 溫故(   )新
: 옛 것을 익혀 새 것을 앎.

81. 家財道(   )
: 집안에서 쓰는 온갖 기구.

82. 大(   )特筆
: 특별히 드러나게 큰 글자를 씀.

※다음 漢字의 部首를 쓰시오.

83. 詩 - (   )   84. 票 - (   )

85. 領 - (   )

※다음 漢字의 類義字를 써서 單語를 完成하시오.

86. 境 - (   )   87. (   ) - 虛

88. 兵 - (   )

※다음 漢字의 反對字를 써서 單語를 完成하시오.

89. 勞 - (   )   90. (   ) - 活

91. 師 - (   )

※다음 漢字語와 讀音은 같으나 뜻이 다른 漢字語가
되도록 ( )안에 漢字를 쓰시오.

92. 監査 - (   )謝 : 고맙게 여기는 느낌.

93. 心神 - 深(   ) : 깊이 믿음.

94. 科學 - (   )去 : 이미 지나간 때.

※다음 漢字語의 뜻을 쓰시오.

95. 改名 : (   )

96. 敬老 : (   )

97. 前進 : (   )

※다음 漢字의 略字를 쓰시오.

98. 號 - (   )   99. 廣 - (   )

100. 醫 - (   )

[點]

- 76 -

모의고사해답

특 징

▷문제와 해답이 같은 서식이므로 쉽게 대조.
▷훈음과 뜻풀이를 수록함으로써 자습능력을 키움.
▷해답으로 먼저 공부하고 풀어 봄으로써 자신감 부여.

一 독음문제 : 대표훈음을 수록함으로써 오답을 바로 잡을 수 있음.
  ※ 주의사항 일자다음자와 두음법칙으로 인한 착오가 없도록 한다.
二 훈음문제 : 모든급수에서 골고루 출제.
三 단어문제 : 단어의 뜻풀이를 첨가함으로써 국어공부 향상.
四 고사성어 : 고사성어의 독음과 뜻풀이 첨가.
五 반 대 자
  유 의 자 : 훈음을 첨가하여 이해하기 쉽도록 구성.
六 약자문제 : 전체 2번씩 출제.
七 일자다음자 : 독음문제에(*) 반영시킴.
八 동음이의어 : 뜻풀이를 첨가하여 비교할 수 있도록 구성.
九 뜻 풀 이 : 뜻이 여럿 있는 단어위주로 출제.
十 조 어 력 : 문법구조 설명.

第1回 한자능력검정시험(해답) 4급Ⅱ

(시험시간 : 50분)

독음문제 … ※"일자다음·두음법칙·활음조현상 주의합시다.

1. 復興 [부흥]
2. 經歷 [경력]
3. 除草 [제초]
4. 科程 [과정]
5. 快速 [쾌속]
6. 官舍 [관사]
7. 他鄉 [타향]
8. 關稅 [관세]
9. 限界 [한계]
10. 豆油 [두유]
11. 寒帶 [한대]
12. 民衆 [민중]
13. 確答 [확답]
14. 密室 [밀실]
15. 花鳥 [화조]
16. 邊境 [변경]
17. 吸煙 [흡연]
18. 變成 [변성]
19. 後宮 [후궁]
20. 非常 [비상]

대립문제 … 서로 반대·상대의 뜻으로 이루어진 단어
23.增減(증감) / 24.斷續(단속) / 25.攻防(공방)

21. 공부를 열심히 하는 친구는 나의 強敵이다. [강적]
22. 序詩에는 시인의 인간관과 사회관이 잘 녹아있다. [서시]
23. 군의 관람객 수의 增減을 보이고 있다. [증감]
24. 끊어졌다 이어졌다를 斷續하며 한다. [단속]
25. 어제는 선거일에 대한 攻防을 벌이고 있다. [공방]
26. 問印에 적힌 우편을 받다. [소인]
27. 관청이나 회사에게 전문 기술 人材로서 사람을 技師라 한다. [기사]
28. 모든 어떤 사항이라도 회원을 받아야 한다. [승인]
29. 군인들이 나팔소리를 듣고 起床한다. [기상]
30. 나는 醉記로 약하다. [주기]
31. 음력 5월 5일은 端午이다. [단오]
32. 어느 지역의 하늘에서 流星이 떨어졌다. [유성]
33. 의견이나 주장이 같은 것을 同謂라고 한다. [동의]
34. 외국에 나가면 우선 언어의 障壁에 부딪히게 된다. [장벽]

훈음문제 … 맞춤법에 주의 주십시오.

35. 可 옳을 가
36. 加 더할 가
37. 好 좋을 호
38. 曜 빛날 요
39. 傳 전할 전
40. 合 하나금령
41. 局 국
42. 賞 상줄 상
43. 炭 숯 탄
44. 節 마디 절
45. 展 펼 전
46. 努 힘쓸 노
47. 葉 잎 엽
48. 板 널 판
49. 祭 제사 제
50. 貴 귀할 귀
51. 尊 높을 존
52. 商 장사 상
53. 施 베풀 시
54. 爲 할 위

단어문제 … 뜻을 참고하여 공부합시다.

56. 바닷가에서 석양을 바라보다. [夕陽]
57. 세계평화를 위하여 참전하다 [參戰]
58. 보석은 시간이 때면 답라진다. [時價]
59. 작것집안으로 원조는 누구인가? [元祖]
60. 성공한 인물은 기질이 남다르다. [氣質]
61. 같은 뜻을 가진 친구를 경애한다. [敬愛]
62. 아무 곳에나 휴지를 버리면 안 된다. [休紙]
63. 제주도는 세계적인 관광의 도시다. [觀光]
64. 훈드럽고 온순한 도구라든가 물품을 구입함 [品切]
65. 요트선수들의 순조에 웃돌다 떠난다. [順風]
66. 시험 칠 때는 문제를 잘 과악해야 한다. [問題]
67. 요즘 아기를 임용하는 가정이 늘고 있다. [入養]

단어문제 … 뜻을 참고하여 공부합시다.

68. 정당 (바르고 마땅함) [正當]
69. 안전 (위험하지 않음) [安全]
70. 정원 (집 가꾸어 놓은 뜰) [庭園]
71. 덕망 (덕행으로 얻은 명망) [德望]
72. 효력 (효력이나 효험을 나타내는 힘) [效力]
73. 운해 (멀리 구름을 내려다본 풍경) [雲海]
74. 서류 (기록이나 사무에 관한 문서) [書類]
75. 기본 (사물의 가장 중요한 밑바탕) [基本]
76. 대화 (서로 마주 대하여 이야기함) [對話]
77. 야사 (민간에서 사사로이 기록한 역사) [野史]

고사성어문제 … 뜻을 참고하여 공부합시다.

78. 溫故知新 (옛것을 익히고 새로운 것을 아는 것)
79. 患難相救 (근심과 재난을 당했을 때 서로 도움)
80. 至誠感天 (정성이 지극하면 하늘도 감동함)
81. 速交近攻 (먼것과 사귀고 가까운 곳을 공격함 뜻)
82. 卓上空論 (실현성이 없는 헛된 이론)

부수문제 … 부수는 한자를 다 익히도록 합니다.

83. 慶 (心)
84. 求 (水)
85. 羅 (罒)

淸 (맑을 청) 푸르스름함을 물든.
請 (청할 청) 말로 청한다.
情 (뜻 정) 마음속의 뜻
精 (정할 정) 쌀을 쓸을때 정갈(깨끗하게)

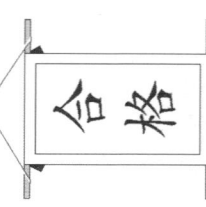

오답공부는 필수입니다.

유의자문제 (완성형) … 뜻을 생각해 봅시다.

86. (家) — (屋) 집가/집옥
87. 果 — (實) 실과과/열매실
88. (歌) — (謠) 노래가/노래요

반대자문제 (완성형) … 뜻을 생각해 봅시다.

89. 黑 — (白) 검을흑/흰백
90. (春) — (秋) 봄춘/가을추
91. 分 — (合) 나눌분/합할합

동음이의문제 …
▷같은 소리로 다른 뜻을 지닌 한자어.
▷동음이의어 축어에 따라 많이 그림.

92. 指導 : (地圖) 이끌 도/땅 지
93. 賢才 : (現在) 이제 · 지금
94. 造化 : (調和) 서로 잘 어울림

뜻풀이문제 … 적역과 의역을 조화롭게!

95. 街頭 (가두) : 길거리
96. 早朝 (조조) : 이른 아침
97. 任年 (왕년) : 지나간 해

약자문제 … 정자와 약자를 다 익히도록 합시다.

98. 樂 (楽) 즐길 락
99. 藥 (薬) 약 약
100. 卒 (卆) 마칠 졸

第2回 한자능력검정시험(해답) 4급II

(시험시간 : 50분)

독음 문제 … "쑊"일지라도 · 두음법칙 · 활음조현상 주의합시다.

1. 洞察 [통찰] 책임을 묻는 일이 중요합니다.
2. 齒藥 [치약]
3. 講演 [강연] 발표해요 경청합시다
4. 請願 [청원] 청해달라고 원함
5. 慶事 [경사] 경사스러운일
6. 消掃 [소소] 청결하게한곳
7. 官報 [관보] 관청의발표문서
8. 指示 [지시] 가르치거나하여금분명히
9. 急求 [급구] 급하게일꾼구함
10. 地帶 [지대] 땅의일정한범위안
11. 冬至 [동지] 계절의날이짧은날
12. 提案 [제안] 방안이나의견을제시함
13. 監督 [감독] 감시하며통솔/지휘/통독
14. 制毒 [제독] 유독물질을제거
15. 留保 [유보] 일정기간동안미루어둠
16. 長生 [장생] 건강하게장수
17. 邊方 [변방] 가장자리, 모퉁이
18. 民謠 [민요] 백성민요/노래요
19. 興味 [흥미] 흥을붙이고즐거움
20. 位置 [위치] 자리와놓임

21. 이 탑은 기둥들이 떨어져 낫 것이다.
22. 한 여름에는 아스팔트도 熱氣로 대단하다.
23. 동문회에서 育費를 차이가 크다.
24. 所爲 連打로 나선 사람의 일에서 그런 일이 되는 바이다.
25. 所屬 修習가 시작된다.
26. 오늘부터 妍修가 시작된다.
27. 아버지가 아니 계셔서 내가 집안의 戸主다.
28. 여름철에 眼科가 우세롭다.
29. 열병을 퇴치하는 呼應에 대한 애기가 나오고 있다.
30. 대중문화의 고급문화에 대한 挑戰이 계속되고
있다.
31. 사견은 오래지 않아 必要가 될 것이다.
32. 누구에게도 展服을 갖 안 하는 성격의 소유자다.
33. 은은회에서 快走로 우수하였다.
34. 賞罰 교육에 이루어지기는 [상벌]
때문에 교육이 이루어지기 때문에 [상벌]

대필문제 … 21(國)攻守(공수) / 23(國)育費(양부) / 34[國]賞罰(상벌)
35. 21[國]攻守 / 23[國]育費 / 34[國]賞罰

훈음 문제 … 뜻훈음에 주의합시다.

36. 街 거리 가
37. 謝 사례할 사/사례할 순
38. 護 도울 호
39. 純 순수할 순
40. 努 힘쓸 노
41. 取 가질 취
42. 陰 그늘 음
43. 鳥 새 조
44. 牧 칠 목
45. 規 법 규
46. 吸 마실 흡
47. 産 낳을 산
48. 他 다를 타
49. 料 헤아릴 료
50. 典 법 전
51. 舊 예 구
52. 政 정사 정
53. 舍 집 사
54. 屋 집 옥
55. 價 값 가

단어 문제 … 뜻풀이를 참고하여 공부합시다.

56. 約束 나는 연습을 잘 지킨다.
57. 窓口 창구가 한산해졌다.
58. 休戰 이라크전쟁이 선포되다.
59. 家具 우리 신혼살림 가구가 나왔다.
60. 道德 우리사회는 도덕을 중시한다.
61. 文化 도시에서 문화생활을 누린다.
62. 觀念 지혜로운 행동은 보다 나은 관념을 얻는다.
63. 表現 표현의 자유가 없다.
64. 根本 자신의 근본에 맞는 행동을 해야 한다.
65. 展覽 미술관에서 전람이 열린다.
66. 偉業 필드의 그 분은 위업을 남기셨다.
67. 敬意 스승의 날에 선생님께 경의를 표하다.
(경의: 존경의 뜻)

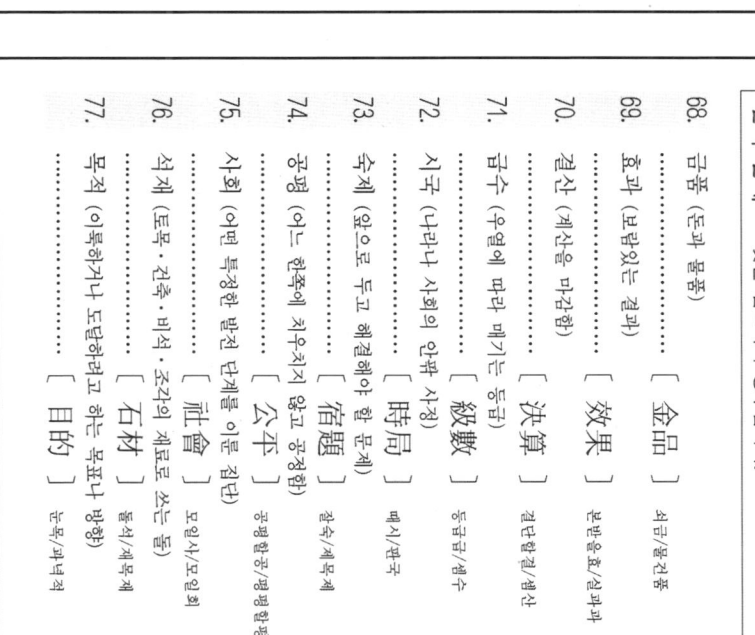

단어 문제 … 뜻풀이를 참고하여 공부합시다.

68. 金品 [금품] (돈과 물품)
69. 孝行 [효행] (부모님의 정과)
70. 決算 [결산] (재심의 마감함)
71. 級數 [급수] 앞 기술에 따라 매기는 등급
72. 時局 [시국] (나타나 사회의 인생 사정)
73. 宿題 [숙제] (앞으로 해결해야 할 문제)
74. 公主 [공주] (임금과 정일의 소생인)
75. 社會 [사회] (어떤 특성을 기반으로 이룬 집단)
76. 石材 [석재] (토목, 건축, 비석, 조각 새는 돌)
77. 目的 [목적] (이룩하거나 도달하려고 하는 목표 방향)

고사성어 문제
78. 各人各色 각인각색
79. 歲寒三友 세한삼우 (추은 겨울철에도 변치 않는 '소나무 · 대나무 · 매화나무' 세 가지를 이르는 말)
80. 馬耳東風 마이동풍
81. 弱肉強食 약육강식 (약한 것이 강한 것에 먹힘 · 생존경쟁의 격렬함을 이르는 말)
82. 不問可知 불문가지 (문지도 않아도 알 수 있음.)

부수 문제 … 부수는 한자의 大意를 나타냅니다.
83. 能(月,肉) 84. 度(广) 85. 席(巾)

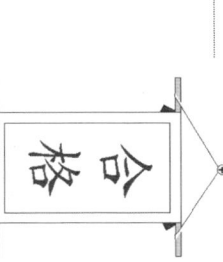
<이를 성>
成 ─┬── 城 (재 성)
     ├── 誠 (정성 성) 말씀 정성스러움
     └── 盛 (성할 성) 그릇에 음식을 풍성하게 담는다.

유의자 문제 … 뜻풀이를 생각해 봅시다.
86. 技(술) ─ 術 87. 命 ─ (朗) 밝명밝을명
88. 圖 ─ (畫) 말씀담/말씀화
반대자 문제 … 뜻풀이를 생각해 봅시다.
89. 晝 ─ (夜) 낮주/밤야 90. 虛 ─ (實)
91. 兄 ─ (弟)

뜻풀이 문제 … 직역과 의역을 조화롭게!
92. 定員 바르게 세운 인원
93. 庭園 집 가꾸어 세운 정원
94. 造船 (朝鮮) 조선
95. 回想 (돌이킬 회) 돌이켜 생각함.
96. 常綠 (항상 상, 푸를 록) *常(항상)
97. 心境 (심경) 마음의 상태.

동음이의어 문제
98. 號 (호) 이름 호
99. 醫 (의) 의원 의
100. 獨 (독) 홀로 독

약자 문제 … 정자와 약자를 더 익히도록 합시다.

第 3 回 한자능력검정시험(해답) 4급Ⅱ

(시험시간 : 50분)

독음 문제 … "※"일자다음・두음법칙・음의장단・음운조화 현상 주의합시다.

1. 惡寒 [오한]
2. 增築 [증축]
3. 所願 [소원]
4. 祭壇 [제단]
5. 消息 [소식]
6. 將軍 [장군]
7. 色素 [색소]
8. 認知 [인지]
9. 狀態 [상태]
10. 留念 [유념]
11. 備考 [비고]
12. 圓形 [원형]
13. 佛堂 [불당]
14. 連休 [연휴]
15. 希求 [희구]
16. 眼界 [안계]
17. 興盛 [흥성]
18. 詩經 [시경]
19. 護送 [호송]
20. 習得 [습득]

21. 선거 운동 기간 중에는 금품 授受나 식사 대접이 엄격히 금지된다. [수수]
22. 그도 純眞에서 전체를 부리지 않는다. [순진]
23. 신상명세서 呼名을 하는 것이 어떨까? [호명]
24. 世波를 헤치며 더욱 견고한 존재로 단련되었다. [세파]
25. 나의 정그리는 表情에 다들 웃었다. [표정]
26. 안개 속에서 街燈이 남자가 있었다. [가등]
27. 등산객들이 산 정상에 快感을 만끽했다. [쾌감]
28. 假設을 증거 남겨지다고 생각하면 이떨까? [가설]
29. 옛날 선비들은 消費에 뛰어난 덕목이었다. [소비]
30. 동굴의 입구에는 화려한 壁畵가 그려져 있었다. [벽화]
31. 그도 잘못이 있어서 處罰을 받았다. [처벌]
32. 그날그날의 收支를 장부에 기입하는 것이다. [수지]
33. 세종은 두뇌가 명석하고 여러 가지 副業에 뛰어난 임금이었다. [부업]
34. 오래 된 인하여 是非가 불을 것이다. [시비]

대립관계 … 서로 반대・상대의 뜻으로 이루어진 단어
21.※授受(수수) / 32.※敗支(수지) / 34.※是非(시비)

훈음 문제 … 맞춤법에 주의해 주의합시다.

35. 移 옮길 이
36. 監 볼 감
37. 血 피 혈
38. 移 (duplicated)
39. 汽 김 기
40. 端 끝 단
41. 承 이을 승
42. 武 호반 무
43. 宗 마루 종
44. 測 헤아릴 측
45. 給 줄 급
46. 惠 은혜 혜
47. 客 손 객
48. 筆 붓 필
49. 舍 집 사
50. 停 마무를 정
51. 船 배 선
52. 序 차례 서
53. 要 요긴할 요
54. 類 무리 류
55. 操 잡을 조

단어 문제 … 뜻을 참고하여 공부합시다.

56. 나는 책임을 완수한다. [責任]
57. 어리석은 관문을 통과하다. [關門]
58. 이웃 나라가 서운 나라 조선 [朝鮮]
59. 각자 지은 시를 낭독하다. [朗讀]
60. 기남신사를 날자가 도리했다. [到來]
61. 나는 위대하신 사람을 존경한다. [偉大]
62. 수련을 통해서 보성을 다스리다. [本性]
63. 유명한 작가의 작품은 고가이다. [高價]
64. 가업 정신으로 가업을 이고 있다. [家業]
65. 오늘은 선인이 있어서 들리고 만나다. [先約]
66. 충신로 여러 사람이 인격에서 우러나오는 명정 [物望]
67. 타 회사와의 경쟁에서 풍질로 승부를 겨루다. [品質]

고사성어 문제 … 뜻을 참고하여 공부합시다.

78. 남자와 여자, 늙은이와 젊은이(모든 사람) 男女老少 (남녀노소)
79. 떨어지는 꽃과 흐르는 물 落花流水 (낙화유수)
80. 삶과 죽음, 고생과 즐거움(모든) 生死苦樂 (생사고락)
81. 때마다 때가 되어 행해지는 풍속. 歲時風俗 (세시풍속)
82. 주인의 권리가 백성에게 있음. 主權在民 (주권재민)

부수 문제 … 부수는 한자의 大를 나타냅니다.

83. 變 (言)
84. 報 (土)
85. 飛 (飛)

단어 문제 … 뜻을 참고하여 공부합시다.

00. 洋服 [양복] 서양식의 옷
69. 特種 [특종] 특별한 종류
70. 洗手 [세수] 얼굴과 손을 씻음
71. 課題 [과제] 주어진 문제나 임무
72. 決定 [결정] 결단을 내려 확정함
73. 德談 [덕담] 상대편에게 잘되기를 비는 말
74. 市場 [시장] 여러 가지 상품을 팔고 사는 장소
75. 基金 [기금] 어떤 목적을 위하여 모아 기르는 자금
76. 宿食 [숙식] 어떤 곳에서 잠을 자고 끼니를 먹음
77. 反對 [반대] 어떤 의견이나 제안에 찬성하지 않음

유의자 문제 (선생별) … 뜻을 생각 해 봅시다.

86. (樹) - 木 수목 나무수/나무목
87. 兄 - (童) 아동 아이아/아이동
88. (始) - 初 시초 비로소시/처음초

반대자 문제 (선생별) … 뜻을 생각 해 봅시다.

89. 豊 - (凶) 흉흉 풍년풍/흉할흉
90. 陰 - (陽) 음양 그늘음/별양
91. 夏 - (冬) 하동 여름하/겨울동

동음이의어 문제 …
▷같은 소리로 다른 뜻을 지닌 한자어.
▷동음이이의어 뜻을 비교해 봅시다.

92. 引上 : (人相) 사람 얼굴생김새와 몸집.
93. 自製 : (子弟) 남의 아들을 높임.
94. 容器 : (勇氣) 롱기름.

뜻풀이 문제 … 석석하고 군센마음.

95. 近接 (근접) : 가까이 다가감.
96. 豆油 (두유) : 콩기름.
97. 無爲 (무위) : 하는 일이 없음.

약자 문제 … 정자와 약자를 다 익히도록 합시다.

98. 會 (会) 모일 회
99. 傳 (伝) 전할 전
100. 廣 (広) 넓을 광

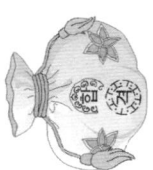

示 ─ 禮
骨 ─ 體

<롱년통>
豊

도움 이야기

合 格

오답공부는 필수입니다.

오답공부가 들면 조상님께 예를 올린다.
오답공부가 들면 풍년이 들고 얼굴도 튼튼해진다.

第4回 한자능력검정시험(해답) 4급 Ⅱ

(시험시간 : 50분)

독음 문제 … "쫓"임자다음·두음법칙·활음조현상 주의합시다.

1. 相殺 [상쇄]
2. 得票 [득표]
3. 團圓 [단원]
4. 密航 [밀항]
5. 端正 [단정]
6. 詩聖 [시성]
7. 開講 [개강]
8. 是認 [시인]
9. 個別 [개별]
10. 掃除 [소제]
11. 經常 [경상]
12. 素質 [소질]
13. 留學 [유학]
14. 寶物 [보물]
15. 律師 [율사]
16. 備畜 [비축]
17. 念佛 [염불]
18. 回送 [회송]
19. [열사]
20. [등송/등장]

21. 여행지에서 葉書를 띄우다. [엽서]
22. 헌혈이 부족하면 貧血이 된다. [빈혈]
23. 그 사람은 官運이 있어서 당선되었다. [관운]
24. 이 업까지 저렴한이 경우가 있다. [진퇴]
25. 내 친구는 暗算을 잘 한다. [암산]
26. 친구에게 미안하다고 謝過하였다. [사과]
27. 역사에서 중요도까지 任俊으로 두 시간이 걸린다. [임준]
28. 부산에서 進路를 한쪽으로 두 보낸다. [진로]
29. 이 보석의 眞價를 설명해보자. [진가]
30. 오늘 우리 형이 解決을 제대하였다. [해결]
31. 언론에 얼굴 가려하며 液體를 생각한다. [액체]
32. 태극기는 太陽의 정보 한국 사상을 상징한다. [태양]
33. 이의 생각하니 그 사람이 野俗하지 않다. [야속]
34. 창작에게 그 일을 여러분 얼굴 편하다. [초고]

대답한 제 … 24(四)進退(진퇴) … 서로 반대·상대의 뜻으로 이루어진 단어
27(四)任復(왕복) / 29(四)眞假(진가)

35. 終 마칠 종
36. 罪 허물 죄
37. 思 이치더짐침
38. 河 물 하
39. 缺 흠 결
40. 扶 도울 부
41. 流 호를 류
42. 牛 소 우
43. 鮮 고울 선
44. 季 끝 계
45. 擔 멜 담
46. 祝 경축 경
47. 億 억 억
48. 密 빽빽할 밀
49. 康 편안할 강
50. 豐 풍년 풍
51. 設 베풀 설
52. 味 맛 미
53. 康 편안할 강
54. 申 납 신
55. 黨 무리 당

단어 문제 … 뜻을 참고하여 공부합시다.

56. 기본을 잘 조절해야 한다. [調節]
57. 내 동생은 성실하거나 순수하다. [天性]
58. (상점)상품을 많이 선전하는 상점. [本店]
59. 우리 가정은 화목하는 편이라서 가장 [家庭]
60. 나는 집에 들어오자 선반을 닫는다. [先親]
61. 학교공부를 중심한 도리는 필독해야 한다. [必讀]
62. 안 중에 대하여 고견을 구하다. [高見]
63. 남은 분들이 고견을 구하다. [問眞]
64. (시험순비를 많이서) 자신감이 생겼다. [自信感]
65. 이 비방한에는 봉사 할동이 굳건하다. [活動]
66. 홍수는 인류에 미울 부족했다. [以年]
67. 인시대에는 돌을 만든 도구를 사용했다. [道具]

단어 문제 … 뜻을 참고하여 공부합시다.

68. 광각 (넓은 각도) [廣角]
69. 유가 (세금의 가격) [油價]
70. 애족 (겨루를 사랑함) [愛族]
71. 우정 (친구 사이의 정) [友情]
72. 결심 (마음을 굳게 작정함) [決心]
73. 과목 (교과를 구성하는 단위) [科目]
74. 특효 (특별한 효과) [特效]
75. 양육 (양을 보호하고 자라게 함) [養育]
76. 차선 (주행 방향에 설치되는 선) [車線]
77. 시조 (한 가게나 왕조에서 그의 으뜸) [始祖]

고사성어 문제 … 뜻을 참고하여 공부합시다.

78. 不正行爲 부정행위 … 옳지 못한 행위.
79. 以實直告 이실직고 … 사실대로 바르게 알림.
80. 亡子計齒 망자계치 … 죽은 자식 나이 세는 일.
81. 草綠同色 초록동색 … 풀과 푸른 빛은 같은 색. (어울리자 지체 같은 모두의 성질)
82. 大義名分 대의명분 … 대의명분.

부수 문제

83. 鼻(鼻)
84. 事(亅)
85. 舍(舌)

유의자 문제 … 뜻이 비슷한 한자의 大意를 나타냅니다.

86. 肉 - (果)
87. 聲 - (戰)
88. 憲 - 思
89. 因 - (利)
90. (利) - 害

반대자 문제 … 뜻이 반대(상대)되는 한자.

91. 主 - (客)

동음이의어 문제

92. 傳記(전기) : 인물의 일생을 적은 것.
 → 電氣(전기) : 에너지의 한 형태.
93. 水石(수석) : 석대대위에서 예술.
 → 首席(수석) : 단연 1위.
94. 施工(시공) : 공사를 시행함.
 → 時空(시공) : 시간과 공간.

약자 문제 … 정자의 약자를 다 익히도록 합시다.

95. 經景(경경) → 経
96. 放置(방치) → 奴
97. 古宮(고궁) → 旧
98. 數(数) 셈 수
99. 來(来) 올 래
100. 世(丗) 인간 세

<이야기> <군부위>
草 ─ 韓 (나라 한)
倅 ─ 倅 (을 위)
行 ─ 衛 (지킬 위)

合格

第 5 回　한자능력검정시험(해답) 4급 II

(시험시간 : 50분)

독음문제 … "※"음자다음 · 두음법칙 · 활음조현상 주의합시다.

1. 賞狀 [상장]
2. 恩德 [은덕]
3. 障害 [장해]
4. 加擔 [가담]
5. 再起 [재기]
6. 試藥 [시약]
7. 提議 [제의]
8. 暗票 [암표]
9. 祭典 [제전]
10. 兩端 [양단]
11. 指揮 [지휘]
12. 個性 [개성]
13. 解決 [해결]
14. 未備 [미비]
15. 支院 [지원]
16. 擧論 [거론]
17. 總角 [총각]
18. 敎師 [교사]
19. 黃鳥 [황조]
20. 極限 [극한]

21. 文武를 [문무] 겸비한 충신을 한 명을 반겼다.
22. 누나는 晝夜를 [주야] 쉬지 않고 금시계를 준다.
23. 그 지방은 變鬱로 [변모] 차이가 많이 서로 잘 어울림.
24. 어릴 때부터 經濟 [경제] 관념을 키워야 한다.
25. 저 연지사 銃聲이 [총성] 들리다.
26. 남의 얘기를 듣고 鼻笑를 [비소] 교사나 웃음소리
27. 부모님 恩惠에 [은혜] 報答을 해야 한다.
28. 순회의 胎次가 [태차] 중위권하여 일러졌다.
29. 전국 민속 예술 競演 [경연] 대회에 참가한다.
30. 健康을 관리를 잘해야 한다.
31. 할머니께서는 오랫동안 病床에 [병상] 계신다.
32. 한자시험의 합격 基準은 [기준] 70%이다.
33. 그는 6·25때 死線을 [사선] 넘어서 남쪽으로 왔다.
34. 우편번호는 集配 [집배] 우체국의 배달 담당 구역을 표시한다.

매립반대 … 서로 반대 · 상대의 뜻으로 이루어진 단어
35. 21.㊀文武(문무) / 23.㊀變鬱(한난) / 34.㊀集配(집배)

훈음 문제 … 맞춤답에 주의합시다.
36. 逆 거스릴 역
37. 眼 눈 안
38. 布 펼 포
39. 低 낮을 저
40. 眞 참 진
41. 港 항구 항
42. 煙 연기 연
43. 程 길 정
44. 鄕 시골 향
45. 曲 굽을 곡
46. 液 진 액
47. 橋 다리 교
48. 比 견줄 비
49. 寫 베낄 사
50. 廣 넓을 광
51. 景 볕 경
52. 兒 아이 아
53. 史 사기 사
54. 案 책상 안
55. 救 구원할 구

단어 문제 … 뜻을 참고하여 공부합시다.
56. 교실을 조화롭게 꾸미자. [調和]
57. 지금은 최첨단 시대이다. [時代]
58. 역사에서 위인을 만나다. [偉人]
59. 젊은 예의를 배우고 하늘을 꿈을 꾼다. [靑雲]
60. 툭이 접탑하여 흉계를 꾸민다. [凶計]
61. 가족과 함께 축구를 관전 했다. [觀戰]
62. 도시에는 유동하는 인구가 많다. [流動]
63. 돗단배는 풍향에 따라 움직인다. [風向]
64. 불량식품 판매는 고발을 당한다. [告發]
65. 우정이 변치 말자고 언약을 했다. [言約]
66. 유명인사들이 각계 다양에서 모였다. [各界]
67. 인위적인 것보다 전연적인 것이 좋다. [自然]

단어 문제 … 뜻을 참고하여 공부합시다.
68. 구식 (옛 식) [舊式]
69. 물질 (물건의 본바탕) [物質]
70. 상술 (장사하는 술예) [商術]
71. 노사 (노동자와 사용자) [勞使]
72. 도착 (목적지에 다다름) [到着]
73. 매주 (그 주일 그 주일) [每週]
74. 급변 (갑자기 변하거나 달라짐) [急變]
75. 가신 (봉건 시대 사대부를 섬기던 사람) [家臣]
76. 설명 (어떤 일의 내용을 쉽게 밝혀서 이해함) [說明]
77. 봉사 (남을 위하여 몸과 마음을 다하여 일함) [奉仕]

고사성어 문제 … 뜻을 참고하여 공부합시다.
78. 대나무로 만든 말을 타고 놀던 옛날 친구. 竹馬故友
79. 가난하지만 편안한 마음으로 도를 즐김. 安貧樂道
80. 친형제처럼 가깝게 지내는 사이. 呼兄呼弟
81. 먼저 예의를 배우고 나중에 학문을 배움. 先禮後學
82. 두 법이나 서로 반대되어 주장하는 일. 二律背反

부수 문제 … 부수는 한자의 大意를 나타냅니다.
83. 束 (木)
84. 東 (木)
85. 面 (面)

유의자 문제 (한성명) … 뜻을 생각 해 봅시다.
86. (通) - 達 [통달] 통함통달함
87. 幸 - (福) [행복] 다행행/복부
88. (省) - 察 [성찰] 살필성/살필찰

반대자 문제 (한성명) … 뜻을 생각 해 봅시다.
89. (來) - 任 [내임] 올래/맡을임
90. (遠) - 近 [원근] 멀원/가까울근
91. 냉 / 원

동음이의어 문제 … ▷같은 소리에 다른 뜻을 지닌 한자어.
▷동음이의에 뜻을 비교해 봅시다.
92. 公衆 : (空中) 하늘과 땅사이의 빈곳.
93. 校監 : (交感) 서로 접촉되어 감응함.
94. 獨子 : (讀者) 책을 읽는 사람.

뜻풀이 문제 … 뜻을 읽고 정확히 조화롭게!
95. 行星 (행성) : 태양주변을 때 다니는 별
96. 可視 (가시) : 볼 수 있는 별. *피(되다)
97. 置重 (치중) : 무엇이 중점을 둠.

약자 문제 … 정자와 약자를 다 익히도록 함.
98. 區 (区) 구분할구
99. 氣 (気) 기운 기
100. 圖 (図) 그림 도

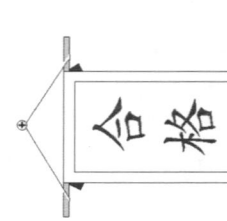

<찾진춘시>
言 ― 誠 (알 식) 앎소리를 내뱉는 일기 때문이다.
耳 ― 職 (직분 직) 백성의 소리를 내뱉어 들려야 하는 사람은 벼슬하는 사람의 직분이다.

도움 이야기

合格
오답부는 필수입니다.

第6回 한자능력검정시험(해답) 4급Ⅱ

(시험시간 : 50분)

독음문제 … "癶"일자다음·두음법칙·활음조현상 주의합시다.

1. 敗北 [패배]
2. 決斷 [결단]
3. 保稅 [보세]
4. 進級 [진급]
5. 在職 [재직]
6. 觀察 [관찰]
7. 步兵 [보병]
8. 藝術 [예술]
9. 再構 [재구]
10. 誤導 [오도]
11. 非常 [비상]
12. 銃器 [총기]
13. 製鐵 [제철]
14. 溫帶 [온대]
15. 備置 [비치]
16. 堅固 [견고]
17. 制限 [제한]
18. 確取 [확취]
19. 繼講 [계강]
20. 爭取 [쟁취]

21. 고산지대에 오르면 呼吸이 곤란하다. [호흡]
22. 그 친구의 態度가 불손하였다. [태도]
23. 모든 일의 興亡은 순에 달렸다. [흥망]
24. 이 상품보다 他店이 생각보다 싸다. [염가]
25. 체면은 負傷하려면 외모가 강하다. [부상]
26. 아침 조회 시간마다 생활을 강하다. [조훈]
27. 기숙사에는 出納을 건강한다. [출납]
28. 음 가을에는 艦艇에서 학생들을 건강한다. [함정]
29. 鳥類獨감은 급성 바이러스성 질병이다. [조류]
30. 驗印이 없는 서류는 인정할 줄 모른다. [검인]
31. 우리는 航海를 걸고 이 고지를 戀愛할 것이다. [항해]
32. 배를 타고 航海를 하다가 채원에 들었다. [항해]
33. 그는 한국 바다에서 자연이 충실이다. [충실]
34. 이 문제는 전문가도 품기 어려운 難題이다. [난제]

대립관계 … 서로 반대·상대의 뜻으로 이루어진 단어
훈음 문제 … 맞춤법에 주의합시다.

35. 21(呼吸)(호흡) / 23(興亡)(흥망) / 26(出納)(출납)

36. 倍 곱 배
37. 恭 공손할 공
38. 族 겨레 족
39. 句 글귀 구
40. 變 변할 변
41. 奉 받들 봉
42. 保 지킬 보
43. 究 연구할 구
44. 圖 그림 도
45. 都 도읍 도
46. 增 더할 증
47. 香 향기 향
48. 表 겉 표
49. 帶 띠 대
50. 極 지극할 극
51. 採 캘 채
52. 團 둥글 단
53. 掃 쓸 소
54. 怒 성낼 노
55. 戶 집 호

단어문제 … 뜻을 참고하여 공부합시다.

56. 通過 (체면시험에 통과하였다.)
57. 才能 (나는 음악적인 재능이 있다.)
58. 現實 (이상보다는 현실을 생각하자.)
59. 節電 (전화기를 이용해서 절전하자.)
60. 日課 (고단한 일과를 무사히 마치자.)
61. 以後 (저녁시간 이후 집중해야 하는 과제)
62. 着地 (체조선수가 되는 일상은 정신이 과하다.)
63. 全部 (집 안 모두 자료가 전부 동원하자.)
64. 集中 (공부할 때는 집중해야 효과가 있다.)
65. 化石 (해안지방에서 화석이 발견된다.)
66. 英國 (영국이 동지하고 수도가 런던인 섬으로)
67. 太陽 (태양 주의의 충성을 차단하자.)

단어문제 … 뜻을 참고하여 공부합시다.

68. 光線 [광선] 빛살
69. 新參 [신참] 새로 들어온 사람
70. 廣告 [광고] 세상에 널리 알림
71. 公式 [공식] 공평하게 정한 법
72. 醫藥 [의약] 의약가나 고치는데 쓰는 약
73. 財界 [재계] 실업가나 금융업자의 사회
74. 飮福 [음복] 군례를 지내고 나서 마을 술
75. 信念 [신념] 민음직한 생각
76. 開店 [개점] 점방을 차림
77. 決勝 [결승] 운동 경기에서 이기고 결 마지막으로 가림

고사성어 문제 … 뜻을 참고하여 공부합시다.

78. 不問曲直 (옳고 그름을 묻지 아니함)
79. 結草報恩 (죽어서도 은혜를 잊지 아니함)
80. 善男善女 (착한 남녀)
81. 論功行賞 (공을 의논하여 상을 줌)
82. 角者無齒 (뿔이 있는 자는 이가 없다)

유의자 문제 … 뜻을 생각해 봅시다.

86. 希 - (望) 바라는 것
87. 虛 - (空) 텅빈 공간
88. 協 - (和) 화합함
89. 童詩 [동시] 어린이가 지어 부른 시
90. (朝) - 夕
91. [初] 처음
92. 始 - 終 마침

반대자 문제 … 뜻을 생각해 봅시다.

93. 船賃 [선임] 배삯
94. 仕記 [사기] 벼슬아치 명단

뜻풀이 문제 …

95. 故人 [고인] 죽은 사람. *放(놓을 방)
96. 未安 [미안] 변안하지 못함. *姓(성씨 성)
97. 處理 [처리] 다스려 정리함
98. 學 (學) (同時) 같은 시간
99. 當 마땅 당
100. 戰 싸움 전

음훈이 문제 …

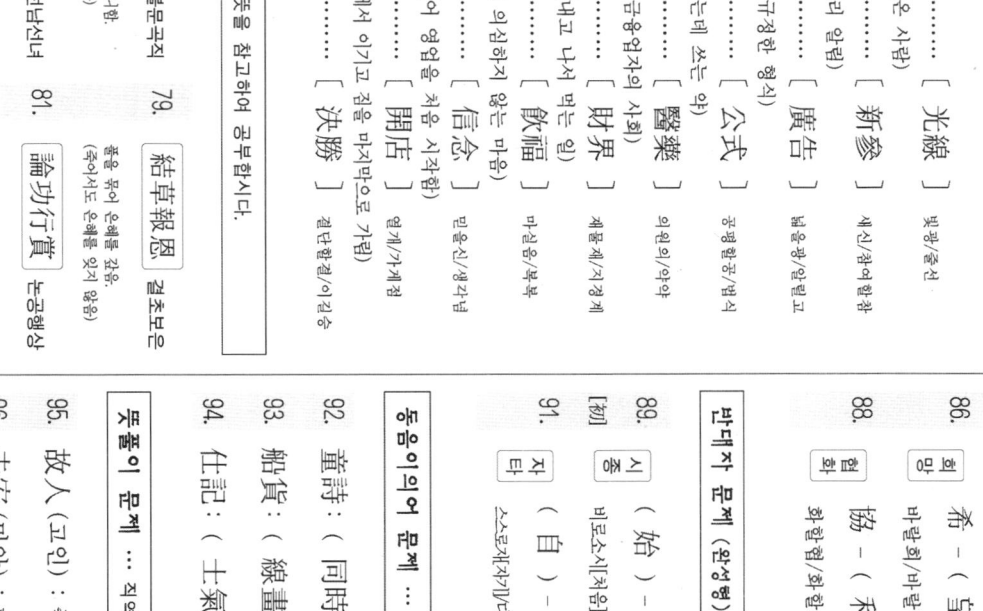

83. 牧 (牛) 84. 務 (力) 85. 武 (止)

第7回 한자능력검정시험(해답) 4급Ⅱ

(시험시간 : 50분)

독음문제 … "※"일자다음 · 두음법칙 · 활음조현상 주의합시다.

1. 句讀 [구두] 글귀구/※구절두
2. 苦難 [고난] 쓸고/어려울난
3. 假笑 [가소] 거짓가/웃음소
4. 築城 [축성] 쌓을축/재성
5. 低空 [저공] 낮을저/빌공
6. 統治 [통치] 거느릴통/다스릴치
7. 可視 [가시] 옳을가/볼시
8. 暖房 [난방] 따뜻할난/방방
9. 貯蓄 [저축] ㊗쌓을저/모을축
10. 黨權 [당권] 무리당/권세권
11. 間接 [간접] 사이간/이을접
12. 回復 [회복] 돌아올회/회복복
13. 建議 [건의] 세울건/의논할의
14. 擔稅 [담세] 멜담/세금세
15. 造船 [조선] 지을조/배선
16. 吸收 [흡수] 마실흡/거둘수
17. 警察 [경찰] 깨우칠경/살필찰
18. 滿員 [만원] 찰만/인원원
19. 調製 [조제] 고를조/지을제
20. 牧童 [목동] 칠목/아이동

21. 광복절에는 각 기관별로 慶祝 행사를 갖는다.
……………………………… [경축] 경사경/빌축
22. 律詩는 여덟 구로 이루어지는 한시 형식을 이른다.
……………………………… [율시] ※법칙률/시시
23. 지혜는 經驗에서 나온다.
……………………………… [경험] 지날경/시험할험
24. 칼을 찬 두 명의 武將이 나에게 다가왔다
……………………………… [무장] 호반무/장수장
25. 주위 소음은 공부하는데 支障을 준다.
……………………………… [지장] 지탱할지/막을장
26. 자신의 榮達을 위해서 남을 모략하면 안 된다.
……………………………… [영달] 영화영/통달할달
27. 떠나는 선생님을 눈물로 送別하였다.
……………………………… [송별] 보낼송/다를별
28. 두 나라간에 密約이 있었다.
……………………………… [밀약] 빽빽할밀/맺을약
29. 시험 監督은 엄격하다.
……………………………… [감독] ㊗볼감/감독할독
30. 측우기로써 비의 양을 測量한다.
……………………………… [측량] ㊗헤아릴측/헤아릴량
31. 職級이 높을수록 책임감이 많다.
……………………………… [직급] 직분직/등급급
32. 博物관에는 우리의 유물이 가득하다.
……………………………… [박물] 넓을박/물건물
33. 서적을 볼 땐 總論부터 살핀다.
……………………………… [총론] 다총/논할론
34. 물건이나 사람의 생긴 모양을 形狀이라 한다.
……………………………… [형상] ㊗모양형/형상상

유사관계 … 서로 비슷한 뜻으로 이루어진 단어

35. 29.㊗監督(감독) / 30.㊗測量(측량) / 34.㊗形狀(형상)

훈음 문제 … 맞춤법에 주의합시다.

36. 隊	무리 대	37. 部	떼 부
38. 航	배 항	39. 位	자리 위
40. 原	언덕 원	41. 使	하여금 사
42. 毒	독 독	43. 解	풀 해
44. 席	자리 석	45. 材	재목 재
46. 銅	구리 동	47. 賢	어질 현
48. 耳	귀 이	49. 的	과녁 적
50. 虛	빌 허	51. 致	이를 치
52. 斗	말 두	53. 羅	벌릴 라
54. 消	사라질 소	55. 協	화할 협

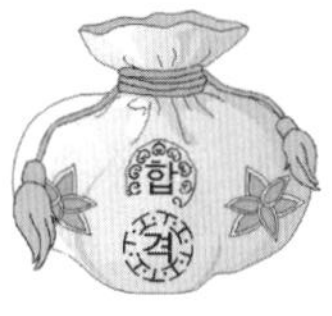

단어 문제 … 뜻을 참고하여 공부합시다.

56. 학교는 단체생활이다. [團體]
(단체: 같은 목적으로 모인 두 사람 이상의 모임)
57. 5·18 광주 민주화운동 [光州]
(광주: 전라남도의 광역시)
58. 무궁한 발전을 기원한다. [發展]
(발전: 세력 따위가 성하게 뻗어 나감)
59. 갈수록 작품이 세련 돼 간다. [洗練]
(세련: 갈고 다듬어 우아하고 고상하게 함)
60. 서울 광장에서 응원이 있었다. [廣場]
(광장: 도시 안의 건물이 없이 넓게 비어 있는 곳)
61. 항상 교양 있는 사람이 됩시다. [敎養]
(교양: 가르쳐 기름)
62. 성공 사례담을 듣고 감화를 받다. [感化]
(감화: 마음이나 행동이 바람직하게 느껴서 변화함)
63. 문제해결의 좋은 방법은 없을까? [方法]
(방법: 어떤 목적을 달성하기 위하여 취하는 수단)
64. 자기 의견을 강요해서는 안 된다. [強要]
(강요: 무리하게 요구함)
65. 잘못을 하면 양심의 가책을 느낀다. [良心]
(양심: 바른 말과 행동을 하려는 마음)
66. 동양의 고전을 통해 성현의 지혜를 배운다. [古典]
(고전: 후세 사람들의 모범이 될 만한 가치를 지닌 옛날 작품)
67. 이번 시험은 평균 90점 이상이 되어야 한다. [以上]
(이상: 그것을 포함하여 그것보다 많거나 위임)

단어 문제 … 뜻을 참고하여 공부합시다.

68. 합당 (꼭 알맞음)
……………………… [合當] 합할합/마땅당
69. 염두 (마음. 생각)
……………………… [念頭] 생각념/머리두
70. 다능 (능력이 많음)
……………………… [多能] 많을다/능할능
71. 온기 (따뜻한 기운)
……………………… [溫氣] 따뜻할온/기운기
72. 친구 (친하게 사귀는 벗)
……………………… [親舊] 친할친/예구
73. 숙명 (날 때부터 타고난 운명)
……………………… [宿命] 잘숙/목숨명
74. 지구 (인류가 살고 있는 천체)
……………………… [地球] 땅지/공구
75. 생선 (잡은 그대로의 신선한 물고기)
……………………… [生鮮] 날생/고울선
76. 형편 (일이 되어 가는 모양이나 결과)
……………………… [形便] 모양형/편할편
77. 지식 (사물에 관한 명료한 의식과 판단)
……………………… [知識] 알지/알식

고사성어 문제 … 뜻을 참고하여 공부합시다.

78. 백년이 되어도 황하가 맑지 않음(오랜 세월이 지나도 변치 않음)
……………… 百年河淸 (백년하청) 이라 한다.
79. 원인과 결과에 따라 훗날 길흉화복의 갚음을 이르는말.
……………… 因果應報 (인과응보) 라 한다.
80. 선비·농업·상업·공업(왕조때의 신분 네가지)
……………… 士農工商 (사농공상) 이라 한다.
81. 아침 저녁으로 뜯어 고침(결심이나 결정이 자주 바뀜)
……………… 朝變夕改 (조변석개) 라 한다.
82. 앞 시대에는 들어 본 적이 없음(매우 놀라운 일이나 새로운 것)
……………… 前代未聞 (전대미문) 이라 한다.

부수 문제 … 부수는 한자의 大意를 나타냅니다.

83. 聖(耳) 84. 歲(止) 85. 所(戶)

유의자 문제 (완성형) … 뜻을 생각 해 봅시다.

86. 가옥 家 - (屋) [宅] 집가/집옥
87. 단독 單 - (獨) 홑단/홀로독
88. 경과 經 - (過) [歷] 지날경/지날과

반대자 문제 (완성형) … 뜻을 생각 해 봅시다.

89. 명암 (明) - 暗 밝을명/어두울암
90. 노소 老 - (少) 늙을로/젊을소
91. 육해 (陸) - 海 물륙/바다해

동음이의어 문제 … ▷같은 소리에 다른 뜻을 지닌 한자어. ▷동음이의어 뜻을 비교해 봅시다.

92. 時調 : (始祖) 한 가계나 왕계의 초대가 되는 사람.
93. 受賞 : (首相) 내각의 우두머리.
94. 二姓 : (理性) 도리에 따라 판단하는 능력.

뜻풀이 문제 … 직역과 의역을 조화롭게!

95. 初步 (초보) : 보행의 첫걸음.
96. 流配 (유배) : 죄인을 귀양 보냄.
97. 帶同 (대동) : 데리고 함께 감.

약자 문제 … 정자와 약자를 다 익히도록 합시다.

98. 國 (国) 나라 국
99. 萬 (万) 일만 만
100. 長 (镸) 긴 장

오답공부는 필수입니다.

도움 이야기

余 <나 여> — 食 (밥식) — 餘 (남을 여) 밥을 먹다가 남긴다.
余 <나 여> — 阝 (클부) — 除 (덜 제) 큰일도 내가 도우면 일이 덜어진다.

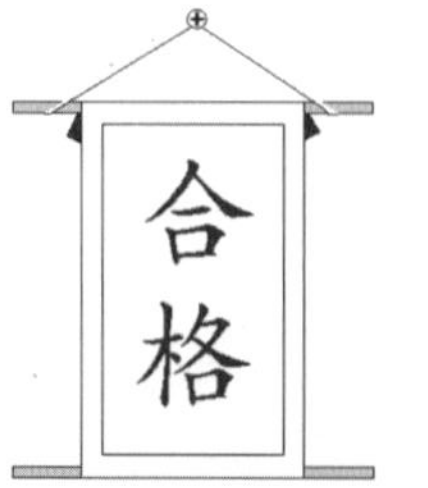

第8回 한자능력검정시험(해답) 4급Ⅱ

(시험시간 : 50분)

독음 문제 … "쪽"칼자듬·두음법칙·활음조현상 주의합시다.

1. 參萬 [삼만]
2. 詩題 [시제]
3. 銀貨 [은화]
4. 施惠 [시혜]
5. 假面 [가면]
6. 故障 [고장]
7. 陰極 [음극]
8. 國際 [국제]
9. 感想 [감상]
10. 城壁 [성벽]
11. 應試 [응시]
12. 寺院 [사원]
13. 領有 [영유]
14. 變態 [변태]
15. 改築 [개축]
16. 謝罪 [사죄]
17. 誤認 [오인]
18. 軍隊 [군대]
19. 檢擧 [검거]
20. 佛經 [불경]
21. 이 문제에는 쟁점과 반대의 兩論이 있다. [양론]
22. 어떤 질문도 대답하기 難處하다. [난처]
23. 주민건은 영 지방의 손꼽히는 漁港이다. [어항]
24. 그 후보는 국체제에 매우 적합해야 하는 確信이 생겼다. [확신]
25. 한국단체들은 패수 정환 시스템에 대한 鑑識 훈련을 받고 있다. [감식]
26. 요즘은 노인에 대한 공경심이 나무에게 가지 있다. [경심]
27. 바로 나아가 路邊에 기대었다. [노변]

훈음 문제 ... 옳춤법에 주의합시다.

35. 유사한자 ... 25.艦職(감직)/28.首職(완직)/29.健康(건강) ... 서로 비슷한 뜻으로 이루어진 단어

36. 罰 [벌할 벌]
37. 州 [고을 주]
38. 週 [주일 주]
39. 步 [걸음 보]
40. 保 [지킬 보]
41. 毛 [터럭 모]
42. 度 [법도 도/헤아릴 탁]
43. 豆 [콩 두]
44. 等 [무리 등]
45. 米 [쌀 미]
46. 列 [벌릴 렬]
47. 留 [머무를 류]
48. 質 [바탕 질]
49. 限 [한할 한]
50. 綠 [푸를 록]
51. 賑 [진휼 진]
52. 麗 [고울 려]
53. 以 [써 이]
54. 祝 [빌 축]
55. 錄 [기록할 록]

단어 문제 … 참고하여 공부합시다.

56. 한 학생은 단정해야 한다. [品行]
57. 학교경지의 현재 내가 1등이다. [現在]
58. 獨港에 고기가 생겼다. [漁港] — (현재: 이제 지금 / 직접)
59. 결혼식의 의의에 지치정다. [式順]
60. 마음에 充足感이 있다. [充足]
61. 우리 할머니의 연세는 80세이다. [春秋]
62. 반가운 친구도부터 電話를 주고받았다. [電話]
63. 눈물이 겹경에 발을 주어야 한다. [注意]
64. 진학장에서는 조조학교 交服을 입는다. [衣類]
65. 안는 과학기가 되어 경성을 연구하고 싶다. [人類]
66. 내일 아이가나 어버지를 보이 읽기를 쓰시다. [育兒]
67. 우리 속대에 신장이 다이나 반 [始作]

단어 문제 ... 참고하여 공부합시다.

68. 객석 (손님이 있는 자리) [客席]
69. 결국 (일의 마무리 단계) [結局]
70. 경의 (공경의 뜻을 나타내는 태도) [敬禮]
71. 과외 (공무 밖의 일) [課外]
72. 농민 (농사일에 종사하는 사람) [農民]
73. 과속 (속도를 너무 빠르게 함) [過速]
74. 견문 (보고 들기로 보이는 경험의 일부) [見聞]
75. 고집 (자기 개인이 가지고 있는 특유의 성질) [性格]
76. 고백 (마음속에 숨기고 있는 것을 털어 말함) [告白]
77. 개발 (새로운 것을 생각해 내어 실용화함) [開發]

고사성어 문제

78. 風前燈火 풍전등화
79. 連戰連勝 연전연승
80. 三位一體 삼위일체
81. 博學多識 박학다식
82. 不必再言 불필재언

부수 문제 ... 부수는 한자의 大部를 나타냅니다.

83. 臣(臣)
84. 愛(心)
85. 麗(鹿)

유의자 문제 (유사형) … 옳춤법에 주의합시다.

86. 境 - (界) 지경경/지경계
87. 到 - (着) 이를도/붙을착
88. 圖 - 畫 그림도/그림화

상대자 문제 (반대형) … 옳춤법에 주의합시다.

89. 勞 - (使) 일할노(로)/하여금사·부릴사
90. 得 - (失) 얻을득/잃을실
91. 冷 - (溫) 찰랭(냉)/따뜻할온

동음이의 문제 … 옳춤법에 주의합시다.

92. 聖名 - (姓名) 성과 이름.
93. 小門 - (所聞) 전하여 들리는 말.
94. 理解 - (利害) 이익과 해로움.

뜻풀이 문제 … 옳춤법에 주의합시다.

95. 報恩 (보은) - 은혜를 갚음.
96. 副次 (부차) - 두번째.
97. 誠金 (성금) - 정성이 된 돈. *순독.

약자 문제 … 정자와 약자를 다 익히도록 합시다.

98. 圖 (団) 둥글 단
99. 對 (対) 대할 대
100. 同 (仝) 한가지 동

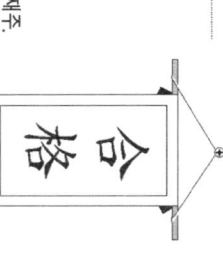

合格

第 9 回 한자능력검정시험(해답) 4급Ⅱ

(시험시간: 50분)

독음문제 ... "쏙 일자다음·두음법칙·활음조현상 주의합시다.

1. 計畫 [계획]
2. 總量 [총량]
3. 低俗 [저속]
4. 關係 [관계]
5. 傳送 [전송]
6. 極端 [극단]
7. 個別 [개별]
8. 齒根 [치근]
9. 節制 [절제]
10. 豐滿 [풍만]
11. 早朝 [조조]
12. 權勢 [권세]
13. 開票 [개표]
14. 築設 [축설]
15. 安置 [안치]
16. 建築 [건축]
17. 輕視 [경시]
18. 害毒 [해독]
19. 尊敬 [존경]
20. 虛費 [허비]

21. 내일 시험 칠 準備는 끝났다. [준비]
22. 정치는 주로 黨軍이 맡다. [당정]
23. 어려운 사람을 救濟하다. [구제]
24. 副賞으로 컴퓨터를 받았다. [부상]
25. 牧師님의 설교를 듣고 감명 받았다. [목사]
26. 산에는 雜草도 아무거나 뽑으면 안 된다. [잡초]
27. 양반의 918년에 개성에 세운 나라 高麗. [고려]
28. 面接에서는 많이 準備할 것 같다. [면접]
29. 찬화선을 增强하다. [증강]
30. 쌀에는 부모님께 盛讓를 한다. [성찬]
31. 公演 10분전에 입장을 하다. [공연]
32. 내가 아끼는 물건을 羅列해 보다. [나열]
33. 그 사람의 이야기를 參考하다. [참고]
34. 정직하지 못하면 대화가 斷絶된다. [단절]

유사관계 ... 서로 비슷한 뜻으로 이루어진 단어
23.救濟(구제) / 32.羅列(나열) / 34.斷絶(단절)

훈음문제 ... 맞춤법에 주의합시다.

35. 笑 웃음 소
36. 次 버금 차
37. 創 비롯할 창
38. 赤 붉을 적
39. 貯 쌓을 저
40. 性 성품 성
41. 姓 성 성
42. 如 같을 여
43. 蓄 모을 축
44. 神 귀신 신
45. 答 답할 답
46. 英 꽃부리 영
47. 際 즈음 제
48. 仙 신선 선
49. 處 곳 처
50. 玉 구슬 옥
51. 朗 밝을 랑
52. 諾 노할 요
53. 具 갖출 구
54. 雄 수컷 웅
55. 諸 모두 제

단어문제 ... 뜻을 참고하여 공부합시다.

56. 남의 작품을 감상하다. [作品]
57. 나는 매일 신문을 본다. [新聞]
58. 원서에 자택주소를 쓰다. [自宅]
59. 잠에 중요한 일을 맞았다. [重要]
60. 우리나라 고유의 시조를 읊다. [時調]
61. 직업 의식이 강해야 성공한다. [意識]
62. 건전 운동으로 건강을 유지하다. [運動]
63. 편지글에는 용기를 내어 도전한다. [勇氣]
64. 고압의 전류가 전선에 흐르고 있다. [電線]
65. 직업도 세분화 되어 업종이 다양하다. [業種]
66. 정직하게도 정치적인 이념을 달리한다. [理念]
67. 여행도중 기름이 부족하여 주유를 했다. [注油]

고사성어문제 ... 뜻을 참고하여 공부합시다.

78. 전쟁에서 이기고 지는 것은 항상 있는 일(실패를 격려하는 말) 兵家常事
79. 이로운 것을 보면 옳을 것을 생각함. 見利思義
80. 강이나 호수 위에 안개처럼 이는 잔물결. 江湖煙波
81. 글방의 네가지 벗(종이·붓·벼루·먹) 文房四友
82. 혼자서는 장군이 되지 못함(교만을 경계하는 말) 獨不將軍

부수문제 ... 부수는 한자의 大意를 나타냅니다.

83. 色(色) 84. 勝(力) 85. 承(手)

<奴-努>
奴 — 力 — 努
(종 노) (힘쓸 노)

< 忠 - 怒 >
心 — 怒
(성낼 노)

도움 이야기

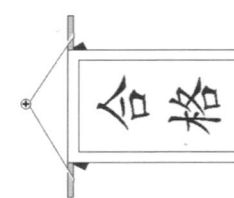

오답공부는 필수입니다.

유의자문제 (完成形) ... 뜻을 생각해 봅시다.

86. 生-(産) 남생/낳을산
87. 言-(語) 말씀언/말씀어
88. (因) - 心-(情) 마음심/뜻정

반대자문제 (完成形) ... 뜻을 생각해 봅시다.

89. (京)-鄕 서울경/시골향
90. 當-(落) 마땅당/떨어질락
91. (順)-逆 순할순/거스를역

동음이의어문제 ... 같은 소리에 다른 뜻을 지닌 한자어. 동음이의어는 뜻을 비교해 봅시다.

92. 山水: (算數) 셈을 가르치는 과목
93. 全力: (前歷) 과거의 경력
94. 消息: (小食) 음식을 적게 먹음.

뜻풀이문제 ...

95. 達人 : 특정 분야에 깊이 능통한 사람.
96. 兩親 : 양친(부모)
97. 缺試 : 시험에 빠짐.

약자문제 ... 정자와 약자를 다 익히도록 합시다.

98. 禮(礼) 예도 례
99. 體(体) 몸 체
100. 定(芝) 정할 정

第10回 한자능력검정시험(해답) 4급II

(시험시간 : 50분)

독음 문제 ··· "꽃"일지라금·두음법칙·활음조현상 주의합시다.

1. 暴惡 [포악]
2. 虛送 [허송]
3. 部處 [부처]
4. 聖賢 [성현]
5. 監修 [감수]
6. 豊足 [풍족]
7. 博識 [박식]
8. 速報 [속보]
9. 悲歌 [비가]
10. 包容 [포용]
11. 放牧 [방목]
12. 守備 [수비]
13. 效驗 [효험]
14. 破產 [파산]
15. 保護 [보호]
16. 純潔 [순결]
17. 呼價 [호가]
18. 深度 [심도]
19. 殺伐 [살벌]
20. 退職 [퇴직]
21. 태백산맥은 경계로 하여 동서로 이름이 나뉜다. [산맥]
22. 경주에 瞻星臺를 갔었다. [첨성]
23. 노사간에는 協商이 중요하다. [협상]
24. 병의 주인이는 藥局이 닫혀있다. [약국]
25. 연말을 맞이하여 백화점마다 歲饌이 한창이다. [세찬]
26. 副次적인 일이라하지만 조심해야 한다. [부차]
27. 血漿은 액체 성분으로 구성되어 있다. [혈장]
28. 그 아이는 逆境을 견디고 있다. [역경]
29. 常綠樹는 가로수나무로 좋다. [상록]
30. 남매는 歷史의 연기에 사랑도 버렸다. [역사]
31. 細胞는 분열을 해서 번식한다. [세포]
32. 문명을 만드려면 집중응을 해 줄다. [집중]
33. 더 細細한 설명을 해 주시기 바랍니다. [세심]
34. 음악이라는 藝術을 통해서 삶과 [예술]

훈음 문제 ··· 뜻을 참고하여 공부합시다.

35. 維我韓民 ··· 서로 비슷한 뜻을 이름어진 단어
26.(副)次, 31.(末)端/(末端) / 34.(藝術)(예술)

36. 至 이를 지
37. 評 평할 평
38. 障 막을 장
39. 壓 누를 압
40. 湖 호수 호
41. 難 어려울 난
42. 餘 남을 여
43. 早 이를 조
44. 律 법률 률
45. 竹 대 죽
46. 園 동산 원
47. 店 가게 점
48. 佛 부처 불
49. 元 으뜸 원
50. 種 씨 종
51. 級 등급 급
52. 收 거둘 수
53. 準 준할 준
54. 線 줄 선
55. 作 지을 작

단어 문제 ··· 뜻을 참고하여 공부합시다.

56. 대상문제에 집중했다. [的中]
57. 나는 내 소원이 충실하였다. [充實]
58. 남의 일에 참견하지 않는다. [參見]
59. 다음 회의의 주제에 선정되었다. [主題]
60. 저 들은 이유을 잘 모르겠다. [理由]
61. 모르는 한자를 자전에서 이용한다. [字典]
62. 정성을 때 한글을 탐구해야 한다. [學問]
63. 다음은 내 친구의 집이다. [親近]
64. 나는 매일 일기를 쓴다고 한다. [日記]
65. 오늘 전국적으로 대규모 행사가 있다. [全國]
66. 내 마음을 알아주는 건 나이다. [幸福]
67. 내가 힘든 모성을 느낄 수가 있었다. [母情]

단어 문제 ··· 뜻을 참고하여 공부합시다.

68. 양서 (좋은 책) [良書]
69. 실망 (희망을 잃음) [失望]
70. 당연 (마땅히 그러함) [當然]
71. 결석 (자리에 빠짐) [缺席]
72. 수석 (사회직위 으뜸) [首席]
73. 독립 (때로 걸리지 남) [獨立]
74. 사설 (신문사에서 주장으로 하는 글) [社說]
75. 장소 (어떤 일이 어지거나 하는 곳) [場所]
76. 공통 (여러 사이에 두루 통용함) [共通]
77. 발전 (전기 일으킴) [發電]

고사성어 문제 ··· 뜻을 참고하여 공부합시다.

78. 敬天愛人 [경천애인]
79. 信賞必罰 [신상필벌]
80. 以心傳心 [이심전심]
81. 聞一知十 [문일지십]
82. 牛耳讀經 [우이독경]

부수 문제 ··· 부수는 한자의 大를를 나타냅니다.

83. 醫 (酉)
84. 引 (弓)
85. 將 (寸)

유의자 문제 ··· 뜻을 참고하여 공부합시다.

86. 衣 - (服)
87. 正 - (直)
88. 節 - 約

반대자 문제

89. 强 - (弱)
90. 高 - 低

동음이의어 문제

91. 古 - 苦
92. 四神 - 使臣
93. 同化 - 童話

뜻풀이 문제 ··· 짐작의 약자를 익혀봅시다.

94. 發展
95. 公布 (公布)
96. 總力 (総力)
97. 保留 (保留)

약자 문제

98. 觀 (観)
99. 晝 (昼)
100. 畫 (畵)

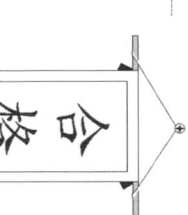

第11回 한자능력검정시험(해답) 4급Ⅱ

(시험시간 : 50분)

독음 문제 … "쪽"글자 다음·두음법칙·활음조현상 주의합시다.

1. 十月 [시월]
2. 稅制 [세제] 세금에 관한 제도
3. 報恩 [보은] 은혜를 갚음
4. 印紙 [인지] 도장(圖章)이지
5. 硏究 [연구] 연연/연구방향
6. 素望 [소망] 본디/바라는 이치
7. 倂戶 [병호] 부호실/집호
8. 引接 [인접] 끌이/이을접
9. 餘念 [여념] 남을여/생각념
10. 收益 [수익] 거둘수/더할익
11. 非理 [비리] 아닐비/다스릴리
12. 受精 [수정] 받을수/정할정
13. 寫員 [사진] 베낄사/인원원
14. 移職 [이직] 옮길이/직책직
15. 旅程 [여정] 나그네여/길정
16. 新羅 [신라] 새신/벌릴라
17. 常備 [상비] 떳떳할상/갖출비
18. 醫師 [의사] 의원의/스승사
19. 逆說 [역설] 거스를역/말씀설
20. 信義 [신의] 믿을신/옳을의

21. 북한은 국제 원자력 기구의 <u>査察</u>을 거부했다. [사찰] 조사하여 살핌
22. 나는 <u>樂器</u> 다루기를 좋아한다. [악기] 노래악/그릇기
23. 친구의 성격이 <u>圓滿</u>하다. [원만] 둥글원/찰만
24. 이번 주 경시의 <u>講讀</u>을 내가 맡았다. [강독] 익힐강/읽을독
25. 대통령들은 <u>銃砲</u>를 든든히 앞세웠다. [총포] 총총/대포포
26. 우리나라는 전통온주 중심의 <u>保守</u>주의를 여기에 오리하다는 주의이다. [보수] 지킬보/지킬수
27. 옷 매무새는 <u>端正</u>해야 한다. [단정] 끝단/바를정
28. 주방에 <u>생크대</u>를 設置했다. [설치] 베풀설/둘치
29. 천주교 <u>聖堂</u>은 종교의식을 행해지는 건물이다. [성당] 성인성/집당
30. <u>放送</u>은 공정해야 한다. [방송] 놓을방/보낼송
31. <u>議案</u>을 반드시 공부해야 한다. [의안] 의논할의/책상안
32. 눈병이 나서 <u>眼帶</u>를 착용했다. [안대] 눈안/띠대
33. 그의 성격은 <u>細密</u>하다. [세밀] 가늘세/빽빽할밀
34. 국회의원은 <u>總選</u>을 통해서 뽑는다. [총선] 다총/가릴선

유사한뜻 … 서로 비슷한 뜻으로 이루어진 단어
26.<u>保守</u>(보수) / 27.<u>端正</u>(단정) / 28.<u>設置</u>(설치)

훈음 문제 … 맞춤법에 주의합시다.

35. 單 홑 단
36. 調 고를 조
37. 式 법 식
38. 督 감독할 독
39. 燈 등 등
40. 則 법칙 칙
41. 初 처음 초
42. 番 차례 번
43. 務 힘쓸 무
44. 孫 손자 손
45. 伐 칠 벌
46. 順 순할 순
47. 庭 뜰 정
48. 博 넓을 박
49. 寶 보배 보
50. 唱 부를 창
51. 府 마을 부
52. 臣 신하 신
53. 球 공 구
54. 背 등 배
55. 飛 날 비

단어 문제 … 뜻을 참고하여 공부합시다.

56. 나의 잘못을 고백하다. [告白]
(고백: 마음속에 숨기고 있던 것을 털어놓음)
57. 내가 좋아하는 미술 시간. [美術]
(미술: 공간 및 시각의 미를 표현하는 예술)
58. 휴일에는 성실하게 <u>洗車</u> 했다. [洗車]
(세차: 자동차를 씻는 일)
59. 우리나라의 <u>商品</u>이 인기이다. [商品]
(상품: 사고파는 물품)
60. 학교에서 <u>今週</u>에 소풍을 간다. [今週]
(금주: 이번 주)
61. 과식을 하여 <u>消化</u>가 잘 안된다. [消化]
(소화: 먹은 음식을 삭임)
62. 공장 근로자가 <u>過勞</u>로 쓰러졌다. [過勞]
(과로: 지나치게 일에 시달림)
63. 선생님들은 <u>使命感</u>을 갖고 있다. [使命感]
(사명감: 맡겨진 임무를 수행하려는 기개나 책임감)
64. 인삼녀은 <u>性質</u>이 나남하는 성질이다. [性質]
(성질: 날 때부터 가지고 있는 기질)
65. 고생하신 부모님을 <u>奉養</u>해야 한다. [奉養]
(봉양: 부모나 조부모를 받들어 모심)
66. 종기를 입안에서는 수저라고도 한다. [首相]
(수상: 내각의 우두머리)
67. 한자를 음에 의해 동음이의어를 잘 分別 한다. [分別]
(분별: 사물을 종류에 따라 나누어 가름)

단어 문제 … 뜻을 생각하여 공부합시다.

68. 溫情 [온정] 따뜻한 인정
69. 和合 [화합] 화목하게 어울림
70. 充當 [충당] 알맞게 채워서 메움
71. 實習 [실습] 실제로 해 보고 익힘
72. 銀行 [은행] 예금한 돈을 취급하는 곳
73. 財産 [재산] 경제적 가치가 있는 돈
74. 歷史 [역사] 인간 사회가 거쳐 온 변천의 모습
75. 名節 [명절] 전통적으로 해마다 지키어 즐기는 날
76. 流通 [유통] 생산자·상인·소비자 사이에 거래되는 제도
77. 時效 [시효] 권리의 취득이나 소멸의 일어나게 되는 효

고사성어 문제 … 뜻을 참고하여 공부합시다.

78. 立春大吉 [입춘대길] 봄이 시니 크게 길함.
79. 萬古不變 [만고불변] 오랜 세월을 두고 길이 변하지 않음.
80. 空前絶後 [공전절후] 앞에도 뒤에도 비교할 만한 것이 없음.
81. 良藥苦口 [양약고구] 좋은 약은 입에 씀.
82. 起死回生 [기사회생] 죽음에서 일어나 다시 회생함.

부수 문제 … 부수는 한자의 大意를 나타냅니다.

83. 葉(艹) 84. 五(二) 85. 要(両)

<도움이야기>
禾 — 科 (과목 과) 벼(극식)는 여러 종류(과목)가 있다.
米 — 料 (헤아릴료) 쌀을 일로 헤아린다.
斗 <말 두>

유의자 문제 … 뜻을 생각해 봅시다.
86. 責 — (任) 꾸짖을(책임)/맡길임
87. 靑 — (綠) 푸를청/푸를록
88. 處 — (所) 곳처/곳소,바소

반대자 문제 … 뜻을 생각해 봅시다.
89. 曲 — (直) 급을곡/곧을직
90. 發 — (着) 필발(출발)/붙을착도착
91. 敎 — (學) 가르칠교/배울학

동음이의어 문제 … 같은 소리에 다른 뜻을 지닌 한자이.
92. 訪花 : (放火) 불을 지름.
93. 角度 : (各道) 여러지방의 도.
94. 經路 : (敬老) 노인을 공경함.

뜻풀이 문제 … 직역과 의역을 조화롭게!
95. 背景 (배경) : 뒤쪽의 경치
96. 造作 (조작) : 무슨 일을 지어서 만듦.
97. 衆論 (중론) : 여러사람의 의논

약자 문제 … 정자와 약자를 다 익히도록 합시다.
98. 參 (参) 참여할참
99. 惡 (悪) 악할 악
100. 價 (価) 값 가

※ 오답공부는 필수입니다.

合格

第12回 한자능력검정시험(해답) 4급Ⅱ

(시험시간 : 50분)

독음문제 … "춋"읽기다듬·두음법칙·활음조현상 주의합시다.

1. 見齒 [견치]
2. 農協 [농협]
3. 講壇 [강단]
4. 敗將 [패장]
5. 孝誠 [효성]
6. 難破 [난파]
7. 缺航 [결항]
8. 祝砲 [축포]
9. 賢明 [현명]
10. 集配 [집배]
11. 檢査 [검사]
12. 職務 [직무]
13. 虛勢 [허세]
14. 獨床 [독상]
15. 警備 [경비]
16. 指向 [지향]
17. 未安 [미안]
18. 對敵 [대적]
19. 過誤 [과오]
20. 武藝 [무예]
21. 성격이 좋아서 친구들과 조화(調和)를 잘한다. [교제]
22. 책의 次例(차례) 먼저 알려라. [차례]
23. 정보수집을 위하여 統計(통계)를 낸다. [통계]
24. 혹색은 絶望(절망)의 빛이다. [통달]
25. 공장을 武裝(무장) 가동케 한다. [순수]
26. 어른들께 청산은 보였다. [시범]
27. 그 문제는 나의 權限(권한) 없다. [연속]
28. 예의바른 사람을 우리는 兩班(양반)이라 부른다. [권한]
29. 역사아이들는 罰責(벌책)했다. [처리]
30. 숙제를 안하면 罰責(벌책)를 낸다. [통달]
31. 전 세계가 絶望(절망) 운동을 한다. [금연]
32. 국민수가 맞지 않으면서 再難(재난)이 줄어진다. [금연]
33. 공장을 위하여 特權(특권) 있어서는 안 된다. [특권]
34. 깨어지은 못할 特權(특권)으로 들러내신. [정밀]

훈음문제 … 맞춤법에 주의합시다.

35. 25回試驗(시험)/26回連續(연속)/29回通達(통달)

36. 旗 기 기
37. 漁 고기잡을 어
38. 郡 고을 군
39. 備 배 비
40. 滿 찰 만
41. 陽 볕 양
42. 詩 시 시
43. 常 떳떳할 상
44. 恩 은혜 은
45. 束 묶을 속
46. 獨 홀로 독
47. 官 벼슬 관
48. 指 가리킬 지
49. 談 말씀 담
50. 寺 절 사
51. 器 그릇 기
52. 致 집 치
53. 肉 고기 육
54. 決 결단할 결
55. 印 도장 인

단어문제 … 뜻을 참고하여 공부합시다.

56. 나는 초록색을 좋아한다. [草綠]
57. 친구의 실수에 실망한다. [失言]
58. 제 푸른 물을 걸러지기 어려운. [旅客船]
59. 기계로 모을 옮겨주는 기계 [陸路]
60. 나무 줄기란이 생각은 과일이다. [主觀的]
61. (주관적: 자기만의 생각해서 정하는 것)
62. 오후 약속이 있으므로 중요하게 [要約]
63. 청소년 시절에 중요하게 [時節]
64. 우리 동네는 안도가 있는 가게 [食堂]
65. (식당: 음식을 사먹는 곳)
66. 이동나무 마음가짐은 식물을 가꾸는 과정이다. [植物]
67. (식물: 가꾸는 마음을 가꾸어 정성어린 그 과정)
68. 일기점을 묵직을 내려준다. [樂局]
69. 제년 불필수가 작년보다 재단 [財團]
70. 우리들의 형재같은 친구 사이의 우애가 두터하다. [友愛]
71. (우애: 그 사람 자신)

단어문제 … 뜻을 참고하여 공부합시다.

68. 만복 [萬福]
69. 독서 [讀書]
70. 행사 [行事]
71. 공덕 [功德]
72. 국사 [國史]
73. 세월 [歲月]
74. 필순 [筆順]
75. 개시 [開始]
76. 출석 [出席]
77. 부분 [部分]

고사성어 문제 … 뜻을 참고하여 공부합시다.

78. 有備無患 유비무환
79. 一石二鳥 일석이조
80. 以熱治熱 이열치열
81. 敎學相長 교학상장
82. 秋風落葉 추풍낙엽

부수문제 … 부수는 한자의 大뜻을 나타냅니다.

83. 前 (刂,刀)
84. 朝 (月,日)
85. 畫 (日)

유의자 문제 … 뜻을 생각해 봅시다.

86. 製 - (作)
87. 想 - (念)
88. 集 - (合)
89. 祖 - (孫)
90. 問 - (答)

반대자 (상대자)

91. 勝 - (敗)

동음이의어 문제 … 뜻을 비교해 봅시다.

92. 工員 : (公園)
93. 苦待 : (古代)
94. 高地 : (告知)

뜻풀이 문제

95. 施賞 : 상품이나 상금을 줌.
96. 稅法 : 세금 관련 법률.
97. 監察 : 감시하고 살핌.

약자 문제 … 정자와 약자를 다 익히도록 합시다.

98. 舊 (旧)
99. 兒 (児)
100. 實 (実)

< 글짜기구 >

俗 → 亻 俗 (풍속 속)
浴 → 氵 浴 (목욕할 욕)
答 → 竹 答 (대답 답)

合格

第13回 한자능력검정시험(해답) 4급Ⅱ

(시험시간 : 50분)

독음문제 … ※"믈"자다음 · 두음법칙 · 활음조현상 주의합시다.

1. 六月 [유월]
2. 野黨 [야당]
3. 壁紙 [벽지]
4. 明確 [명확]
5. 聖歌 [성가]
6. 暗黑 [암흑]
7. 伐草 [벌초]
8. 退場 [퇴장]
9. 富農 [부농]
10. 毒種 [독종]
11. 罰則 [벌칙]
12. 議員 [의원]
13. 常習 [상습]
14. 談笑 [담소]
15. 配置 [배치]
16. 移植 [이식]
17. 樹液 [수액]
18. 期限 [기한]
19. 背書 [배서]
20. 綠陰 [녹음]

21. 防音이 미비하여 층간이 다툼이 늘다. [방음]
22. 판사는 법률 節次를 준수해야 한다. [절차]
23. 자연을 보면 시를 쓰고 詩情에 우러난다. [시정]
24. 상호 두 회사가 協約에서 처리한다. [협약]
25. 공연장에는 5세 未滿은 입장이 어렵다. [미만]
26. 고성방가는 缺禮이다. [결례]
27. 대형사고도는 그 餘波가 크다. [여파]
28. 創造的인 생각이라야 성공한다. [창조]
29. 글을 쓸 때는 文脈에 맞아야 한다. [문맥]
30. 무슨 일이든 精誠을 다해야 한다. [정성]
31. 武器를 소지할 때는 신고해야 한다. [무기]
32. 공공복지의 施設運營을 아껴 쓰자. [시설]
33. 恩惠로움을 잊어서는 안 된다. [은혜]
34. 효심이 至極하면 부모님의 마음이 편하다. [지극]

유사편제 … 서로 비슷한 뜻으로 이루어진 단어

35. 32.函施設(시설) / 33.函恩惠(은혜) / 34.函至極(지극)

훈음문제 … 맞춤뜻에 주의합시다.

36. 무 이를 조
37. 職 직분 직
38. 伴 짝 반
39. 由 말미암을 유
40. 衆 무리 중
41. 請 청할 청
42. 旅 나그네 려
43. 除 덜 제
44. 費 쓸 비
45. 信 믿을 신
46. 養 기를 양
47. 豊 풍년 풍
48. 提 끌 제
49. 注 부을 주
50. 求 구할 구
51. 服 옷 복
52. 陸 뭍 륙
53. 電 번개 전
54. 氷 얼음 빙
55. 貨 재물 화

단어문제 … 뜻을 참고하여 공부합시다.

56. 오늘은 내가 당번이다. (답변: 번 드는 차례에 당한 사람) [當番]
57. 성격이 명랑해서야 좋다. (명랑: 밝고 환함) [明朗]
58. 우주 만물이 조화롭음. (만물: 우주 안에 존재하는 모든 것) [萬物]
59. 무든지 순리대로 풀어야 한다. (순리: 도리에 순종함) [順理]
60. 6·25는 동족간의 싸움이었다. (동족: 같은 겨레붙이) [同族]
61. 다시 동심의 세계로 돌아갔다. (동심: 어린이의 마음) [童心]
62. 태권도로 대결을 붙기로 했다. (대결: 양자가 맞선 승부를 붙이고 함) [對決]
63. 간절한 바람 소망이 이루어진다. (소망: 바라는 바) [所望]
64. 양보의 미덕으로 질서를 지켰다. (미덕: 아름다운 덕) [美德]
65. 우승 하리라 낙관적으로 생각한다. (낙관적: 일이 잘될 것으로 생각하는 것) [樂觀的]
66. 난관을 헤쳐 나갈 방안을 모색 중이다. (방안: 일을 처리할 방법이나 계획) [方案]
67. 생산을 목적으로 하는 산업이 발달했다. (산업: 생산을 목적으로 하는 사업) [産業]

단어문제 … 뜻을 참고하여 공부합시다.

68. 필승 (반드시 이김) [必勝]
69. 실효 (실제의 효력) [實效]
70. 공단 (공장이 집단지) [工團]
71. 독백 (혼자서 중얼거림) [獨白]
72. 천연 (자연 그대로의 상태) [天然]
73. 이기 (자기자신을 이롭게 함) [利己]
74. 효도 (부모를 잘 섬기는 도리) [孝道]
75. 합숙 (여러 사람이 한곳에서 묵음) [合宿]
76. 교재 (교수 및 학습에 쓰이는 재료) [敎材]
77. 직각 (서로 수직인 두 직선이 이루는 각) [直角]

고사성어문제 … 뜻을 참고하여 공부합시다.

78. 아홉 마리 소에 한가닥의 털(아주 적은양) 九牛一毛
79. 세상을 다스려 백성을 구제함. 經世濟民
80. 권력은 십년을 가지 아니함의 비유함. 權不十年
81. 많으면 많을수록 좋다. 多多益善
82. 얻은 것과 잃은 것이 반. 得失相半

부수문제 … 부수는 한자의 大意를 나타냅니다.

83. 走(走) 84. 準(氵,水) 85. 重(里)

糸 — 統 (거느릴통) 실을 거느린다.
金 — 銃 (총 총) 쇠로 만든 총.
氵 — 流 (흐를 류) 물이 새이(1) 흐른다.

充
<채울충>

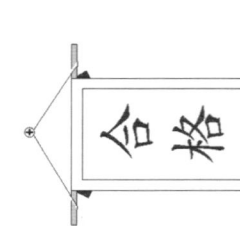

도움
이야기

유의자 문제 … 뜻을 생각 해 봅시다.

86. 知 - (識) 지식 [識]
87. 急 - (速) 급할급/빠를속 [速]
88. 報 - (告) 알릴보/알릴고 [告]

반대자 문제 … 뜻을 생각 해 봅시다.

89. 去 - (來) 갈거/올래 [來]
90. 功 - (過) 공로공/지날과/허물과 [過]
91. 師 - (弟) 스승사/아우제/제자제 [弟]

동음이의 문제 …
▷같은 소리에 다른 뜻을 지닌 한자이
▷동음이의어 뜻을 비교해 봅시다.

92. 交情 : (校正) 틀린 글자를 바로잡음.
93. 口傳 : (舊典) 예전의 법전.
94. 技士 : (記事) 기록된 사실.

뜻풀이 문제 … 적어과 의에 조화롭게!

95. 程度 (정도) : 알맞은 한도. *程(한도)
96. 議題 (의제) : 의논할 과제.
97. 吸煙 (흡연) : 담배를 피움.

약자 문제 … 정자와 약자를 더하도록 합시다.

98. 讀 (読) 읽을 독
99. 關 (関) 관계할 관
100. 變 (変) 변할 변

合格
※오답공부는
필수입니다.

第14回 한자능력검정시험(해답) 4급 II

(시험시간: 50분)

독음 문제 … "꽃"일지라도 · 두음법칙 · 활음조현상 주의합시다.

1. 答狀 [답장]
2. 往復 [왕복]
3. 徹軍 [철군]
4. 決意 [결의]
5. 到底 [도저]
6. 地境 [지경]
7. 前提 [전제]
8. 警備 [경비]
9. 擔當 [담당]
10. 請求 [청구]
11. 絕景 [절경]
12. 創設 [창설]
13. 南極 [남극]
14. 素朴 [소박]
15. 故鄕 [고향]
16. 園藝 [원예]
17. 將軍 [장군]
18. 體統 [체통]
19. 政治 [정치]
20. 監察 [감찰]

유사자 문제 … 24.(監察:감찰) / 25.(面接:면접) / 31.(傳貰:전세)

유사관계 … 서로 비슷한 뜻으로 이루어진 단어

21. 부모님 기일이 다가오시니 제사를 지내자. [祭祀]
22. 불교를 믿는다는 것. [布敎]
23. 학생은 학업 증진을 위해 노력해야 한다. [課程]
24. 농촌에서는 인구 증가에 있다. [增加]
25. 동창에서 맺은 인연이다. [接續]
26. 아버지는 血壓으로 고생하신다. [혈압]
27. 해체되어 가는 가족 제도의 도시인. [制度]
28. 反逆하는 사람은 도시인의 신임을 받는다. [반역]
29. 자동차 競走를 보기 위해 관광차. [경주]
30. 미국대통령 訪韓을 했다. [방한]
31. 우리 모두는 傳貰로 전전하고 있다. [전세]
32. 우체부에게 소포를 받았다. [接受]
33. 부채를 모두 配達해 주신다. [배달]
34. 하나님의 聖經을 읽어내야 한다. [성경]

훈음 문제 … 맞춤법에 주의합시다.

35. 24.(監察:감찰) / 25.(面接:면접) / 31.(傳貰:전세)

36. 票 표 표
37. 態 모습 태
38. 眞 참 진
39. 仕 섬길 사
40. 破 깨뜨릴 파
41. 忠 충성 충
42. 浴 목욕할 욕
43. 基 터 기
44. 宿 잘 숙
45. 實 열매 실
46. 築 쌓을 축
47. 田 밭 전
48. 助 도울 조
49. 誠 정성 성
50. 造 지을 조
51. 形 모양 형
52. 政 정사 정
53. 最 가장 최
54. 望 바랄 망
55.

단어 문제 … 뜻을 참고하여 공부합시다.

56. 나와는 의견이 달랐다. [意見]
57. 타임공사가 착공되었다. [着工]
58. 성공은 노력에 있어야. [結實]
59. 가게 중앙에 진열해라. [親切]
60. 모두는 사람을 질문 하다. [質問]
61. 열심히 모두가 일한다면 신임을 받다. [信任]
62. 이 개인은 나에게 유리하다. [有利]
63. 축전지에 전기를 채우다. [充電]
64. 방학 중에는 축전자를 충전하다. [元來]
65. 학교에서 예절한 교육시간이 따로있다. [禮節]
66. 나에게도 예의한 말 한마디가 필요하다. [必要]
67. (역을: 꼭 쓰지 못한 글씨) [惡筆]

단어 문제 … 뜻을 참고하여 공부합시다.

68. 구경 (음악) [觀正]
69. 성공 (뜻을 이룸) [成功]
70. 세면 (얼굴 씻음) [洗面]
71. 수림 (나무가 우거진 숲) [樹林]
72. 소이 (어떤 행동을 하게 된 까닭) [所以]
73. 내국 (자기 나라의 국내) [對內]
74. 병석 (병자가 있는 자리) [病席]
75. 법적 (법률에 따라 완전하거나 처리되는) [法的]
76. 만세 (숭대를 기원하여 부르는 뜻) [萬歲]
77. 단속 (주의를 기울여 단단히 다잡거나 보살핌) [團束]

고사성어 문제 … 뜻을 참고하여 공부합시다.

78. 愛人如己 애인여기
79. 益者三友 익자삼우
80. 言行一致 언행일치
81. 燈下不明 등하불명
82. 身世打令 신세타령
83. 眞(目) 84. 集(佳) 85. 天(大)

유의자 문제(안성형) … 뜻을 생각해 봅시다.
86. (變)-化 변화
87. (練)-習 연습

반대자 문제 … 뜻을 참고하여 공부합시다.
88. (過)-失 과실
89. (夫)-婦 부부
90. (官)-(民) 관민

동음이의어 문제 …
91. 大臣 (소리에 다른 뜻으로 부른 한자어)
92. 公認
93. 假山 - (家産)
94. 假山

뜻풀이 문제 …
95. 鳥類 (조류) 새를의 무리
96. 引上 (인상) 끌어 올림
97. 深夜 (심야) 깊은 밤

약자 문제 …
98. 發 (発)
99. 樂 (楽)
100. 傳 (伝)

부수 문제 … 부수는 한자의 大綱을 나타냅니다.

83. 眞(目) 84. 集(隹) 85. 天(大)

<근본목>
米 — 糸 — 綠 (푸를 녹)
  — 金 — 錄 (기록할 록)

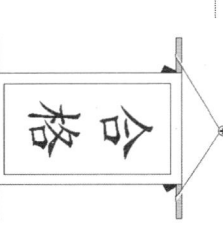

합격(合格)
두음(이야기)

第15回 한자능력검정시험(해답) 4급 II

(시험시간 : 50분)

독음문제 … ※ 일자다음 · 두음법칙 · 활음조현상 주의합시다.

1. 然則 [연즉]
2. 熱誠 [열성]
3. 保障 [보장]
4. 總員 [총원]
5. 擔任 [담임]
6. 藥指 [약지]
7. 佛敎 [불교]
8. 淸潔 [청결]
9. 對敵 [대적]
10. 藝能 [예능]
11. 山寺 [산사]
12. 印度 [인도]
13. 放置 [방치]
14. 至極 [지극]
15. 歲次 [세차]
16. 應答 [응답]
17. 孝婦 [효부]
18. 衆論 [중론]
19. 守節 [수절]
20. 講師 [강사]

21. 부모는 늘 자식의 身邊을 걱정한신다. [신변]
22. 항상 感謝하는 생활을 하라. [감사]
23. 風俗을 어지럽히는 행위는 단속대상이다. [풍속]
24. 街路에는 가로수가 보도로 구분되어 있다. [가로]
25. 음식물에는 食器를 청결히 소독해야 한다. [식기]
26. 우리나라 傳統을 이야기하자. [전통]
27. 肉體의 정신은 모두 건강해야 바람직하다. [육체]
28. 남은 대금은 決濟 받아야 되다. [결제]
29. 부모는 자녀를 잘 養育해야 할 의무가 있다. [양육]
30. 뽀족하고 위험한 것은 除去해야 한다. [제거]
31. 전쟁 때는 砲擊을 퍼붇었다. [포격]
32. 政權 잡은 사람이 정치를 잘 해야한다. [정권]
33. 오늘은 시험점수 申請하는 날이다. [신청]
34. 너를 믿은 건 故意가 아니었다. [고의]

유사문제 … 서로 비슷한 뜻으로 이루어진 단어

35. 24.圖佛路(가로) / 27.圖肉體(육체) / 29.圖養育(양육)

훈음문제 … 맞춤법에 주의합시다.

36. 例 법식 례
37. 堂 집 당
38. 友 벗 우
39. 己 몸 기
40. 代 대신할 대
41. 飮 마실 음
42. 鼻 코 비
43. 健 굳셀 건
44. 接 이을 접
45. 個 낱 개
46. 金 쇠 금/성 김
47. 送 보낼 송
48. 深 깊을 심
49. 受 받을 수
50. 息 쉴 식
51. 增 더할 증
52. 房 방 방
53. 志 뜻 지
54. 達 통달할 달
55. 治 다스릴 치

단어문제 … 뜻을 참고하여 공부합시다.

56. 선교사는 福音을 전파한다. [福音]
(복음: 반가운 소식)
57. 대통령은 국가의 元首이다. [元首]
(원수: 한 나라에서 최고 통치권을 가진 사람)
58. 물건의 가격이 오를 만큼 價格을 발달했다. [價格]
(가격: 값)
59. 전통 굿에는 아기를 順産하였었다. [順産]
(순산: 아무 탈 없이 아이를 낳음)
60. 자리철에는 敬老席이 따로 있다. [敬老席]
(경로석: 노인을 공경하는 자리)
61. 자비 덕분에 잘 지내고 있다네. [德分]
(덕분: 고마움을 베풀어 준 보람)
62. 남극에 우리의 탐사 基地가 있다. [基地]
(기지: 군대나 탐험대에 대하여 활동의 근거지)
63. 글을 사용함으로써 文明을 발달시켰다. [文明]
(문명: 인간 생활이 풍부하고 편리해진 상태)
64. 오늘 연극은 觀客들의 호응이 좋았다. [觀客]
(관객: 구경하는 사람)
65. 내용을 잘 나타내는 題目이 중요하다. [題目]
(제목: 책이 내용을 보이거나 대표하는 이름)
66. 내가 만든 작품이다 더욱 愛着이 간다. [愛着]
(애착: 사물이나 사람에 끌려 마음)
67. 좋은 것은 西洋문물도 받아 들어야 한다. [西洋]
(서양: 유럽과 미주를 이르는 말)

단어문제 … 뜻을 참고하여 공부합시다.

68. 운명 (타고난 운수) [運命]
69. 휴학 (배움을 잠깐 쉼) [休學]
70. 품성 (사람의 바탕과 성질) [品性]
71. 서점 (책을 팔거나 사는 가게) [書店]
72. 후손 (여러 대가 지난 뒤의 자손) [後孫]
73. 조리 (음식을 보살피고 만들 다스림) [調理]
74. 참석 (어떤 자리나 모임에 참석함) [參席]
75. 훈련 (무예나 기술 등을 배워 익힘) [訓練]
76. 공약 (사회 공중에 내린 약속을 함) [公約]
77. 야망 (크게 무엇을 이루어 보겠다는 희망) [野望]

고사성어문제 … 뜻을 참고하여 공부합시다.

78. 콩 심으면 콩 얻는다(뿌린대로 거둠) 種豆得豆 (종두득두)
79. 북두의 일곱개 별. 北斗七星 (북두칠성)
80. 사실에 근거하여 학문(진실)을 연구하는 일. 實事求是 (실사구시)
81. 자기가 저지른 일은 자기가 받음. 自業自得 (자업자득)
82. 사람과 등물이 가치 천하다(속세의 개명). 經火可親 (등화가친)

부수문제 … 부수는 한자의 大意를 나타낸다.

83. 齒 (齒) 84. 解 (角) 85. 香 (香)

유의자 문제 (완성형) … 뜻을 생각 해 봅시다.

86. (結) - 果
   결과 (맺을결/실과과[결과])
87. 具 - 備
   구비 (갖출구/갖출비)
88. (空) - 虛
   공허 (빌공/빌허)

반대자 문제 (완성형) … 뜻을 생각 해 봅시다.

89. 本 - (末)
   본말 (근본본/끝말)
90. 善 - (惡)
   선악 (착할선/악할악)
91. 新 - (舊)
   신구 (새신/예구)

동음이의어 문제 …

92. 引導 : (人道) 사람이 다니는 길.
   ▷같은 소리에 다른 뜻을 지닌 한자어.
   ▷동음이의 뜻을 낼고 공부합시다.
93. 同鄕 : (東向) 동쪽 방향.
94. 祝旗 : (史記) 역사적 사실을 적은 책.

뜻풀이 문제 … 적외선과 의미를 조화롭게!

95. 逆流 (역류) : 거꾸로 흘러감.
96. 細心 (세심) : 자세한 마음씨.
97. 暴利 (폭리) : 부당한 방법으로 얻는 이익.

약자 문제 … 정자와 약자를 다 익히도록 합시다.

98. 來 (来) 을 래
99. 氣 (気) 기운 기
100. 學 (学) 배울 학

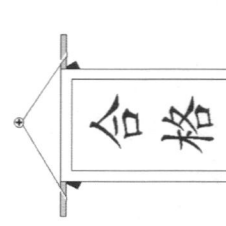

<무거울중>

力 — 動 (움직임들등 무거운 것도 힘을 들여 움직인다.)

禾 — 種 (씨 종) 뭍에 벼에 무거운 볍씨만 씨앗으로 쓴다.

도움이야기

오답공부는 필수입니다.

배정한자 및 중간점검용정답

4Ⅱ배정한자						
①	擔 멜 담	拜 절 배	誠 정성 성	榮 영화 영	際 즈음 제	置 둘 치
街 거리 가	黨 무리 당	④	細 가늘 세	藝 재주 예	除 덜 제	齒 이 치
假 거짓 가	帶 띠 대	罰 벌할 벌	稅 세금 세	誤 그르칠 오	祭 제사 제	侵 침노할 침
減 덜 감	隊 무리 대	伐 칠 벌	勢 형세 세	玉 구슬 옥	製 지을 제	快 쾌할 쾌
監 볼 감	導 인도할도	壁 벽 벽	素 본디 소	⑦	助 도울 조	態 모습 태
康 편안 강	督 감독할독	邊 가 변	掃 쓸 소	往 갈 왕	鳥 새 조	統 거느릴통
講 욀 강	毒 독 독	報 갚을 보	笑 웃음 소	謠 노래 요	早 이를 조	退 물러날퇴
個 낱 개	銅 구리 동	步 걸음 보	續 이을 속	容 얼굴 용	造 지을 조	破 깨뜨릴파
檢 검사할검	斗 말 두	寶 보배 보	俗 풍속 속	圓 둥글 원	尊 높을 존	波 물결 파
潔 깨끗할결	豆 콩 두	保 지킬 보	送 보낼 송	員 인원 원	宗 마루 종	砲 대포 포
缺 이지러질결	得 얻을 득	復 회복할복	收 거둘 수	衛 지킬 위	走 달릴 주	布 베 포
慶 경사 경	燈 등 등	府 마을 부	修 닦을 수	爲 할 위	竹 대 죽	⑩
警 깨우칠경	羅 벌릴 라	婦 며느리부	受 받을 수	肉 고기 육	準 준할 준	包 쌀 포
境 지경 경	③	副 버금 부	授 줄 수	恩 은혜 은	衆 무리 중	暴 사나울폭
經 지날 경	兩 두 량	富 부자 부	⑥	陰 그늘 음	增 더할 증	票 표 표
係 맬 계	麗 고울 려	佛 부처 불	守 지킬 수	應 응할 응	指 가리킬지	豊 풍년 풍
故 연고 고	連 이을 련	備 갖출 비	純 순수할순	義 옳을 의	志 뜻 지	限 한할 한
官 벼슬 관	列 벌릴 렬	飛 날 비	承 이을 승	議 의논할의	至 이를 지	航 배 항
求 구할 구	錄 기록할록	悲 슬플 비	施 베풀 시	移 옮길 이	支 지탱할지	港 항구 항
句 글귀 구	論 논할 론	非 아닐 비	視 볼 시	益 더할 익	職 직분 직	解 풀 해
究 연구할구	留 머무를류	貧 가난할빈	詩 시 시	引 끌 인	進 나아갈진	鄕 시골 향
宮 집 궁	律 법칙 률	謝 사례할사	試 시험 시	印 도장 인	⑨	香 향기 향
權 권세 권	滿 찰 만	師 스승 사	是 이 시	認 알 인	眞 참 진	虛 빌 허
極 극진할극	脈 줄기 맥	寺 절 사	息 쉴 식	障 막을 장	次 버금 차	驗 시험할험
禁 금할 금	毛 터럭 모	舍 집 사	申 납 신	將 장수 장	察 살필 찰	賢 어질 현
②	牧 칠 목	殺 죽일 살	深 깊을 심	低 낮을 저	創 비롯할창	血 피 혈
器 그릇 기	武 호반 무	⑤	眼 눈 안	敵 대적할적	處 곳 처	協 화할 협
起 일어날기	務 힘쓸 무	狀 형상 상	暗 어두울암	田 밭 전	請 청할 청	惠 은혜 혜
暖 따뜻할난	味 맛 미	常 떳떳할상	壓 누를 압	絶 끊을 절	總 다 총	好 좋을 호
難 어려울난	未 아닐 미	床 상 상	液 진 액	接 이을 접	銃 총 총	護 도울 호
怒 성낼 노	密 빽빽할밀	想 생각 상	羊 양 양	程 길 정	蓄 쌓을 축	呼 부를 호
努 힘쓸 노	博 넓을 박	設 베풀 설	如 같을 여	⑧	築 쌓을 축	戶 집 호
斷 끊을 단	防 막을 방	星 별 성	餘 남을 여	政 정사 정	蟲 벌레 충	貨 재물 화
端 끝 단	房 방 방	聖 성인 성	逆 거스릴역	精 정할 정	忠 충성 충	確 굳을 확
檀 박달나무단	訪 찾을 방	盛 성할 성	演 펼 연	濟 건널 제	取 가질 취	回 돌아올회
單 홑 단	配 나눌 배	聲 소리 성	硏 갈 연	提 끌 제	測 헤아릴측	吸 마실 흡
達 통달할달	背 등 배	城 재 성	煙 연기 연	制 절제할제	治 다스릴치	興 일 흥
						希 바랄 희

배정한자 및 중간점검용정답

5급 배정한자

①
加 더할 가
可 옳을 가
改 고칠 개
去 갈 거
擧 들 거
健 굳셀 건
件 물건 건
建 세울 건
輕 가벼울경
競 다툴 경
景 별 경
固 굳을 고
考 생각할고
曲 굽을 곡
橋 다리 교
救 구원할구
貴 귀할 귀
規 법 규
給 줄 급
汽 물끓는김기
期 기약할기
技 재주 기
吉 길할 길
壇 단 단
談 말씀 담

②
都 도읍 도
島 섬 도
落 떨어질락
冷 찰 랭
量 헤아릴량
領 거느릴령
令 하여금령
料 헤아릴료
馬 말 마
末 끝 말
亡 망할 망
買 살 매
賣 팔 매

無 없을 무
倍 곱 배
費 쓸 비
比 견줄 비
鼻 코 비
氷 얼음 빙
寫 베낄 사
査 조사할사
思 생각 사
賞 상줄 상
序 차례 서
選 가릴 선

③
船 배 선
善 착할 선
示 보일 시
案 책상 안
魚 고기 어
漁 고기잡을어
億 억 억
熱 더울 열
葉 잎 엽
屋 집 옥
完 완전할완
曜 빛날 요
浴 목욕할욕
牛 수컷 우
雄 수컷 웅
院 집 원
原 언덕 원
願 원할 원
位 자리 위
耳 귀 이
因 인할 인
災 재앙 재
再 다시 재
爭 다툴 쟁
貯 쌓을 저
▽

④
赤 붉을 적
停 머무를정
操 잡을 조
終 마칠 종
罪 허물 죄
止 그칠 지
唱 부를 창
鐵 쇠 철
初 처음 초
最 가장 최
祝 빌 축
致 이를 치
則 법칙 칙
他 다를 타
打 칠 타
卓 높을 탁
炭 숯 탄
板 널 판
敗 패할 패
河 물 하
寒 찰 한
許 허락 허
湖 호수 호
患 근심 환
黑 검을 흑

5급Ⅱ 배정한자

①
價 값 가
客 손 객
格 격식 격
見 볼 견
決 결단할결
結 맺을 결
敬 공경 경
告 고할 고
課 공부할과
過 지날 과
關 관계할관
觀 볼 관
廣 넓을 광
具 갖출 구
舊 예 구
局 판 국
己 몸 기
基 터 기
念 생각 념
能 능할 능
團 둥글 단
當 마땅 당
德 큰 덕
到 이를 도
獨 홀로 독

②
朗 밝을 랑
良 어질 량
旅 나그네려
歷 지날 력
練 익힐 련
勞 일할 로
類 무리 류
流 흐를 류
陸 뭍 륙
望 바랄 망
法 법 법
變 변할 변
兵 병사 병

③
福 복 복
奉 받들 봉
史 사기 사
士 선비 사
仕 섬길 사
産 낳을 산
相 서로 상
商 장사 상
鮮 고울 선
仙 신선 선
說 말씀 설
性 성품 성

洗 씻을 세
歲 해 세
束 묶을 속
首 머리 수
宿 잘 숙
順 순할 순
識 알 식
臣 신하 신
實 열매 실
兒 아이 아
惡 악할 악
約 맺을 약
養 기를 양
要 요긴할요
友 벗 우
雨 비 우
雲 구름 운
元 으뜸 원
偉 클 위
以 써 이
任 맡길 임
材 재목 재
財 재물 재
的 과녁 적
典 법 전

④
傳 전할 전
展 펼 전
切 끊을 절
節 마디 절
店 가게 점
情 뜻 정
調 고를 조
卒 마칠 졸
種 씨 종
週 주일 주
州 고을 주
知 알 지
質 바탕 질
着 붙을 착
參 참여할참
責 꾸짖을책
充 채울 충
宅 집 택
品 물건 품
必 반드시필
筆 붓 필
害 해할 해
化 될 화
效 본받을효
凶 흉할 흉

6급 배정한자

①
感 느낄 감
強 강할 강
開 열 개
京 서울 경
苦 쓸 고
古 예 고
交 사귈 교
區 구분할구
郡 고을 군
近 가까울근
根 뿌리 근
級 등급 급
多 많을 다
待 기다릴대
度 법도 도
頭 머리 두
例 법식 례
禮 예도 례
路 길 로
綠 푸를 록
李 오얏 리
目 눈 목
米 쌀 미
美 아름다울미
朴 성 박

②
番 차례 번
別 다를 별
病 병 병
服 옷 복
本 근본 본
死 죽을 사
使 하여금사
石 돌 석
席 자리 석
速 빠를 속
孫 손자 손
樹 나무 수
習 익힐 습

배정한자 및 중간점검용정답

6급 배정한자

한자	훈	음
勝	이길	승
式	법	식
失	잃을	실
愛	사랑	애
野	들	야
夜	밤	야
陽	볕	양
洋	큰바다	양
言	말씀	언
永	길	영
英	꽃부리	영
溫	따뜻할	온

③
한자	훈	음
園	동산	원
遠	멀	원
油	기름	유
由	말미암을	유
銀	은	은
衣	옷	의
醫	의원	의
者	놈	자
章	글	장
在	있을	재
定	정할	정
朝	아침	조
族	겨레	족
晝	낮	주
親	친할	친
太	클	태
通	통할	통
特	특별할	특
合	합할	합
行	다닐	행
向	향할	향
號	이름	호
畵	그림	화
黃	누를	황
訓	가르칠	훈

△

6급Ⅱ 배정한자

①
한자	훈	음
各	각각	각
角	뿔	각
計	셀	계
界	지경	계
高	높을	고
功	공	공
公	공평할	공
共	한가지	공
科	과목	과
果	실과	과
光	빛	광
球	공	구
今	이제	금
急	급할	급
短	짧을	단
堂	집	당
代	대신	대
對	대할	대
圖	그림	도
讀	읽을	독
童	아이	동
等	무리	등
樂	즐길	락
利	이할	리
理	다스릴	리

②
한자	훈	음
明	밝을	명
聞	들을	문
班	나눌	반
反	돌아올	반
半	반	반
發	필	발
放	놓을	방
部	떼	부
分	나눌	분
社	모일	사
書	글	서
線	줄	선
雪	눈	설
省	살필	성
成	이룰	성
消	사라질	소
術	재주	술
始	비로소	시
神	귀신	신
身	몸	신
信	믿을	신
新	새	신
藥	약	약
弱	약할	약
業	업	업

③
한자	훈	음
勇	날랠	용
用	쓸	용
運	옮길	운
飮	마실	음
音	소리	음
意	뜻	의
昨	어제	작
作	지을	작
才	재주	재
戰	싸울	전
庭	뜰	정
題	제목	제
第	차례	제
注	부을	주
集	모을	집
窓	창	창
淸	맑을	청
體	몸	체
表	겉	표
風	바람	풍
幸	다행	행
現	나타날	현
形	모양	형
和	화할	화
會	모일	회

△

7급, 7급Ⅱ, 8급 배정한자

▷ 7급 ◁

①
한자	훈	음
歌	노래	가
口	입	구
旗	기	기
冬	겨울	동
洞	골	동
同	한가지	동
登	오를	등
來	올	래
老	늙을	로
里	마을	리
林	수풀	림
面	낯	면
命	목숨	명
文	글월	문
問	물을	문
百	일백	백
夫	지아비	부
算	셈	산
色	빛	색
夕	저녁	석
所	바	소
少	적을	소
數	셈	수
植	심을	식
心	마음	심

②
한자	훈	음
語	말씀	어
然	그럴	연
有	있을	유
育	기를	육
邑	고을	읍
入	들	입
字	글자	자
祖	할아비	조
住	살	주
主	주인	주
重	무거울	중
地	땅	지
紙	종이	지
川	내	천
千	일천	천
天	하늘	천
草	풀	초
村	마을	촌
秋	가을	추
春	봄	춘
出	날	출
便	편할	편
夏	여름	하
花	꽃	화
休	쉴	휴

▷ 7Ⅱ ◁

①
한자	훈	음
家	집	가
間	사이	간
江	강	강
車	수레	거
空	빌	공
工	장인	공
記	기록할	기
氣	기운	기
男	사내	남
內	안	내
農	농사	농
答	대답	답
道	길	도
動	움직일	동
力	힘	력
立	설	립
每	매양	매
名	이름	명
物	물건	물
方	모	방
不	아닐	불
事	일	사
上	윗	상
姓	성	성
世	인간	세

②
한자	훈	음
手	손	수
時	때	시
市	저자	시
食	먹을	식
安	편안	안
午	낮	오
右	오른	우
自	스스로	자
子	아들	자
場	마당	장
電	번개	전
前	앞	전
全	온전	전
正	바를	정
足	발	족
左	왼	좌
直	곧을	직
平	평평할	평
下	아래	하
漢	한수	한
海	바다	해
話	말씀	화
活	살	활
孝	효도	효
後	뒤	후

▷ 8급 ◁

①
한자	훈	음
敎	가르칠	교
校	학교	교
九	아홉	구
國	나라	국
軍	군사	군
金	쇠	금
南	남녘	남
女	계집	녀
年	해	년
大	큰	대
東	동녘	동
六	여섯	륙
萬	일만	만
母	어미	모
木	나무	목
門	문	문
民	백성	민
白	흰	백
父	아비	부
北	북녘	북
四	넉	사
山	메	산
三	석	삼
生	날	생
西	서녘	서

②
한자	훈	음
先	먼저	선
小	작을	소
水	물	수
室	집	실
十	열	십
五	다섯	오
王	임금	왕
外	바깥	외
月	달	월
二	두	이
人	사람	인
日	날	일
一	한	일
長	긴	장
弟	아우	제
中	가운데	중
靑	푸를	청
寸	마디	촌
七	일곱	칠
土	흙	토
八	여덟	팔
學	배울	학
韓	나라	한
兄	형	형
火	불	화

기출예상문제정답

4급II [가]

#	답	#	답
1	정쟁	51	찰 만
2	제거	52	재물 화
3	직장	53	마실 흡
4	수액	54	살필 찰
5	보은	55	볼 시
6	세관	56	찾을 방
7	가면	57	버금 부
8	여객	58	到着
9	세배	59	銀行
10	시설	60	筆記
11	오해	61	庭園
12	해충	62	明朗
13	조선	63	電話
14	정회	64	計算
15	웅비	65	財産
16	장벽	66	價格
17	이동	67	特級
18	조작	68	子孫
19	측량	69	兒童
20	대접	70	勝利
21	적군	71	洋服
22	확신	72	藥草
23	병환	73	農業
24	보호	74	親族
25	노고	75	美術
26	벌목	76	生鮮
27	전달	77	石油
28	결백	78	敬
29	다복	79	變
30	단결	80	風
31	준비	81	淸
32	권세	82	樂
33	부부	83	短
34	벌칙	84	朝
35	의원	85	舊
36	금할 금	86	養
37	일어날기	87	歌
38	끊을 절	88	溫
39	높을 존	89	過
40	깨뜨릴파	90	告
41	배 항	91	消
42	시골 향	92	戈
43	가늘 세	93	攵
44	죽일 살	94	言
45	월 강	95	仝
46	이지러질결	96	틁
47	성낼 노	97	哭
48	영화 영	98	공사의 기간
49	감독할독	99	놓아둠
50	법칙 률	100	길가

4급II [나]

#	답	#	답
1	기초	51	소리 성
2	시찰	52	남을 여
3	열대	53	쓸 비
4	대응	54	해 세
5	통치	55	머무를류
6	인식	56	무리 당
7	주택	57	찾을 방
8	물가	58	必要
9	구직	59	根本
10	거수	60	通過
11	행운	61	遠洋
12	감독	62	格式
13	측량	63	獨特
14	도달	64	表情
15	급보	65	話法
16	저속	66	平等
17	장소	67	責任
18	금서	68	衣服
19	절약	69	廣大
20	재료	70	淸水
21	경쟁	71	見聞
22	환자	72	後孫
23	정진	73	宿食
24	승리	74	動向
25	결백	75	民度
26	창작	76	畫室
27	약국	77	傳說
28	다선	78	童
29	사업	79	庭
30	노기	80	活/産
31	난류	81	來
32	철로	82	晝
33	강연	83	外
34	흥미	84	敎
35	충만	85	石
36	팔 매	86	江
37	베풀 설	87	友
38	물러날퇴	88	口
39	빽빽할밀	89	人道
40	줄기 맥	90	觀戰
41	거리 가	91	中世
42	영화 영	92	짧은 기간
43	빌 허	93	서울과 시골
44	받을 수	94	이름을 부름
45	잎 엽	95	宀
46	권세 권	96	角
47	가 변	97	心
48	등 배	98	參
49	거느릴령	99	万
50	생각 념	100	圖

4급II [다]

#	답	#	답
1	정성	51	이를 조
2	비용	52	어려울난
3	확보	53	인도할도
4	항해	54	등 등
5	임야	55	부를 호
6	직업	56	마루 종
7	희망	57	얼굴 용
8	객석	58	藥局
9	지적	59	廣場
10	강단	60	特質
11	명쾌	61	所聞
12	시설	62	通過
13	존경	63	信念
14	만개	64	體育
15	명창	65	朝鮮
16	경찰	66	約束
17	임원	67	品格
18	축포	68	自然
19	축성	69	病室
20	한계	70	直線
21	친구	71	商店
22	지불	72	休日
23	산사	73	觀光
24	부귀	74	晝夜
25	은혜	75	風化
26	총기	76	敎科書
27	온난	77	感情
28	취소	78	弱
29	운우	79	功
30	파산	80	傳
31	태도	81	德
32	경주	82	言
33	기록	83	火
34	조련	84	竹
35	득실	85	刂(刀)
36	거짓 가	86	服
37	쉴 식	87	計
38	힘쓸 무	88	目
39	구원할구	89	樂
40	보배 보	90	惡
41	닦을 수	91	少
42	다스릴치	92	告
43	나아갈진	93	臣
44	재주 예	94	高
45	넓을 박	95	석유가 나는 곳
46	물러날퇴	96	손으로 만듦
47	군사 군	97	서로 도움
48	어두울암	98	參
49	스승 사	99	畫
50	끊을 절	100	價

4급II [라]

#	답	#	답
1	가곡	51	기를 양
2	건강	52	찰 랭
3	염두	53	홀로 독
4	농사	54	군을 고
5	다복	55	벼슬 관
6	논리	56	날 비
7	건설	57	섬 도
8	부부	58	每週
9	벌칙	59	客室
10	영재	60	樂園
11	최초	61	番地
12	담화	62	車線
13	등록	63	旅行
14	어족	64	孫子
15	연구	65	産業
16	만원	66	利害
17	증가	67	目的
18	상품	68	太陽
19	명령	69	海洋
20	낙선	70	夏服
21	물건	71	洗足
22	법률	72	兒童
23	선주	73	別種
24	사진	74	植樹
25	개인	75	住宅
26	야경	76	充實
27	설원	77	說明
28	약자	78	良
29	주입	79	親
30	재수	80	知
31	경기	81	具
32	단식	82	書
33	고성	83	言
34	방목	84	示
35	방수	85	頁
36	덜 감	86	界
37	부처 불	87	空
38	눈 안	88	卒
39	띠 대	89	使
40	흐를 류	90	死
41	자리 석	91	弟
42	달릴 주	92	感
43	어제 작	93	信
44	항구 항	94	過
45	수컷 웅	95	이름을 고침
46	아닐 미	96	노인을 공경함
47	물결 파	97	앞으로 나아감
48	지을 조	98	号
49	살 매	99	広
50	끊을 단	100	医